essentials

essentials liefern aktuelles Wissen in konzentrierter Form. Die Essenz dessen, worauf es als „State-of-the-Art" in der gegenwärtigen Fachdiskussion oder in der Praxis ankommt. *essentials* informieren schnell, unkompliziert und verständlich

- als Einführung in ein aktuelles Thema aus Ihrem Fachgebiet
- als Einstieg in ein für Sie noch unbekanntes Themenfeld
- als Einblick, um zum Thema mitreden zu können

Die Bücher in elektronischer und gedruckter Form bringen das Fachwissen von Springerautor*innen kompakt zur Darstellung. Sie sind besonders für die Nutzung als eBook auf Tablet-PCs, eBook-Readern und Smartphones geeignet. *essentials* sind Wissensbausteine aus den Wirtschafts-, Sozial- und Geisteswissenschaften, aus Technik und Naturwissenschaften sowie aus Medizin, Psychologie und Gesundheitsberufen. Von renommierten Autor*innen aller Springer-Verlagsmarken.

Weitere Bände in der Reihe http://www.springer.com/series/13088

Karl-Heinz Fittkau

Statistik mit „R" für Nicht-Mathematiker

Praktische Tipps für die quantitativ-empirische Bachelor-, Master- und Doktorarbeit

Karl-Heinz Fittkau
Fachbereich Polizei und Sicherheitsmanagement
Hochschule für Wirtschaft und Recht
Berlin, Deutschland

ISSN 2197-6708   ISSN 2197-6716   (electronic)
essentials
ISBN 978-3-658-33646-2   ISBN 978-3-658-33647-9   (eBook)
https://doi.org/10.1007/978-3-658-33647-9

Die Deutsche Nationalbibliothek verzeichnet diese Publikation in der Deutschen Nationalbibliografie; detaillierte bibliografische Daten sind im Internet über http://dnb.d-nb.de abrufbar.

Planung/Lektorat: Rolf-Günther Hobbeling
Springer Gabler ist ein Imprint der eingetragenen Gesellschaft Springer Fachmedien Wiesbaden GmbH und ist ein Teil von Springer Nature.
Die Anschrift der Gesellschaft ist: Abraham-Lincoln-Str. 46, 65189 Wiesbaden, Germany

Was Sie in diesem *essential* finden können

- Eine kurze Einführung in die Statistik-Software „R" und die Benutzeroberfläche „RStudio"
- Eine Übersicht zum Aufbau quantitativer Studien und die verschiedenen Arten von Hypothesen
- Eine Vorstellung von verschiedenen Skalenniveaus und der Likert-Skala als eine Form der psychometrischen Skala
- Übungshypothesen zum Nachrechnen und Üben mit den jeweiligen „R-Befehlen":
  - Datenaufbereitung und Beurteilung der Güte von Items,
  - Ermitteln von Häufigkeiten und deskriptiven Statistiken
  - Überprüfung von Gruppenunterschieden unabhängiger Stichproben (t-Test, Welch-Test und Kruskal-Wallis-Test),
  - Berechnen von Zusammenhängen zweier Variablen (Maß- und Rangkorrelationsanalyse),
  - Prüfung von Einflüssen einer oder mehrerer unabhängiger Variablen auf eine abhängige Variable (bivariate lineare und hierarchische Regression)

Inhaltsverzeichnis

Über den Autor

Prof. Dr. Dr. Karl-Heinz Fittkau lehrt Führungslehre an der Hochschule für Wirtschaft und Recht in Berlin. Während seines sozialwissenschaftlichen Studiums (Magister Artium mit den Fächern Politik und Soziologie) musste er sich durch diverse Methoden- und Statistikkurse quälen. Jetzt forscht er überwiegend quantitativ-empirisch.

Irgendwann muss in einer quantitativ-empirischen Arbeit gerechnet werden. Spätestens an dieser Stelle kann man erahnen, warum man sich während des Studiums durch diverse Statistik- und Methodenkurse quälen musste. Aber keine Angst, es geht hier nicht um die theoretischen Grundlagen der Statistik. In diesem Essential geht es um Rezepte. Und wie auch bei Kochrezepten geht es nicht vordergründig darum, dass wir verstehen, warum diese oder jene Zutat zum Gericht zugegeben werden muss. Uns interessieren auch nicht die biochemischen Prozesse, die von bestimmten Zutaten ausgelöst werden. Uns geht es um Bekömmlichkeit und guten Geschmack. So ist es auch bei quantitativ-empirischen Arbeiten. Es sind bestimmte Abfolgen und Standards einzuhalten – quasi eine Zubereitung nach Regeln, die in diesem Essential an 5 Übungshypothesen einer etwas abgewandelten früheren Original-Studie erörtert werden.

Kap. 2 stellt das Übungsbeispiel und den klassischen Aufbau einer quantitativ-empirischen Arbeit vor. Der vollständige Datensatz zum Übungsbeispiel ist online abrufbar. So können Sie die im Kap. 5 gelösten Probleme selbst nachrechnen. Sie müssen lediglich die Syntax (also die Befehle) in „RStudio" hineinkopieren.

Unmittelbar vor dem eigentlichen Rechnen wird in diesem Essential die praktikable und verständliche Statistiksoftware „R" vorgestellt (Kap. 4). Ja, „R" ist einfach in der Handhabung! Meinungen, die anderes behaupten sind falsch. Und vor allem: „R" ist umsonst. Sie können sich „R" auf Ihren Rechner runterladen und zu Hause ohne Uni-Lizenz damit rechnen. Und das Ganze sogar ohne Restriktionen.

Elektronisches Zusatzmaterial Die elektronische Version dieses Kapitels enthält Zusatzmaterial, das berechtigten Benutzern zur Verfügung steht. https://doi.org/10.1007/978-3-658-33647-9_1

Im Kap. 5 erörtere ich dann am Übungsbeispiel die Vorgehensweise bei einigen der bekanntesten Tests und führe zu deren wesentlichen Test-Voraussetzungen aus, die Sie in Ihrer Arbeit leider – zumindest – kurz beleuchten müssen. Der Gedanke dahinter: Sie können nicht jede Zutat für jedes Gericht nehmen! Das ist auch in der Statistik so. Welche Zutat Sie nehmen dürfen und was Sie vorher prüfen müssen, erkläre ich Ihnen bei jedem der im Kap. 5 behandelten Probleme. Zum besseren Verständnis der Berechnungen im Kap. 5 beschäftigt sich Kap. 3 mit drei allgemeinen Fragestellungen der Statistik: 1) Was ist eine Befragung und welchen Grad an Standardisierung benötigen wir für statistische Berechnungen? 2) Welche Skalenniveaus kennen wir und was kann man damit machen? und 3) Was ist Repräsentativität und warum können wir eine wirkliche Repräsentativität kaum erreichen?

Zum Schluss (Kap. 6) gebe ich Ihnen noch einige Tipps für Ihre quantitativ-empirische Arbeit. Diese müssen Sie nicht zwingend beachten. Sie erleichtern aber zumindest die Erstellung einer Bachelor- bzw. Masterarbeit.

Eine letzte einleitende Anmerkung: Meine Beispiele beziehen sich oft auf Polizisten als Beschäftigte bzw. auf die Polizei im Allgemeinen. Dies ist nicht verwunderlich. Ich habe vor meiner Berufung zum Hochschullehrer 37 Jahre als Polizist gearbeitet und über viele Jahre z. T. große Personalkörper geführt.

Die quantitativ-empirische Arbeit und unser Übungsbeispiel

Quantitativ-empirische Arbeiten sind stark standardisiert. Ob wir eine Vielzahl von Messwerten mit Experimenten oder mit einer Befragung erheben ist unerheblich. Wichtig ist die Nachvollziehbarkeit der durchgeführten Untersuchung für denjenigen, der die Arbeit liest und bei Graduierungsarbeiten bewertet. Zudem ist die Forschungsgemeinschaft daran interessiert, ggf. Studien zu replizieren. Dies ist oft dann der Fall, wenn die Ergebnisse allgemein anerkannten Kenntnissen widersprechen.

Ich werde an dieser Stelle auf zwei Schwerpunkte eingehen: 1) Auf den klassischen Aufbau einer quantitativ-empirischen Arbeit und 2) auf die Daten und Hypothesen zu unserem Übungsbeispiel.

1. **Der Aufbau einer quantitativ-empirischen Arbeit**
   1. *Einleitung*

      In der Einleitung müssen Sie Ihre Forschungsfrage bzw. Ihr Forschungsproblem formulieren. Neben der gesellschaftlichen bzw. praktischen Relevanz (wozu benötigt die Gesellschaft mögliche Ergebnisse) gilt es vor allem, die wissenschaftliche Relevanz (welche Forschungslücke soll geschlossen werden) und den wissenschaftlichen Kontext (wie ordnet sich das Problem wissenschaftstheoretisch ein) herauszuarbeiten. Je nach Erkenntnisinteresse unterscheiden wir drei Typen von quantitativen Studien (Döring und Bortz 2016), die sich aus der Formulierung der Forschungsfrage bzw. des Forschungsproblems ergeben:

Elektronisches Zusatzmaterial Die elektronische Version dieses Kapitels enthält Zusatzmaterial, das berechtigten Benutzern zur Verfügung steht. https://doi.org/10.1007/ 978-3-658-33647-9_2

a) Die explorative Studie: Beschreibung eines wenig erforschten oder eines ideologisch überfrachteten Sachverhalts. Beispielsweise könnte man das Freizeitverhalten von erwerbstätigen Frauen auf eine mögliche Mutterschaft reduzieren (Gefahr der ideologischen Überfrachtung); man kann aber die Fragestellung offener lassen und als Forschungsproblem formulieren: Das Freizeitverhalten erwerbstätiger Frauen.

b) Die deskriptive Studie: Eine deskriptive Studie ist auch beschreibend, aber auf eine definierte Population begrenzt und bezogen auf die Verteilung oder Ausprägung bestimmter Merkmale. Hier geht es also nicht mehr um eine bloße Beschreibung des Freizeitverhaltens von erwerbstätigen Frauen, sondern um Anteile möglichen Freizeitverhaltens (z. B. Versorgung und Betreuung der Kinder, Tätigkeiten im Haushalt, sportliche Aktivitäten, Kunst und Kultur, gemeinsame Aktivitäten mit Freuden usw.).

c) Die explanative Studie: Der Kern einer explanativen Studie ist die Hypothesenprüfung anhand zuvor erhobener Daten. Eine mögliche Formulierung der Forschungsfrage könnte hier lauten: Kümmern sich auch heute noch überwiegend die Frauen nach der Arbeit um Kinder und Haushalt – ist das Phänomen der sog. „zweiten Schicht" noch aktuell? Wir werden uns in diesem Essential schwerpunktmäßig mit dem explanativen Studientyp beschäftigen. Aber achten Sie bitte darauf, dass Sie Ihr Forschungsproblem bzw. Ihre Forschungsfrage als „roten Faden" Ihrer Arbeit betrachten. Auf jeden Fall müssen Sie zum Schluss Ihrer Arbeit eine Antwort auf Ihre Frage geben!

2. *Forschungsstand, Theorie und Hypothesen*
Gibt es Studien zum eigenen Forschungsproblem? Auf welchen Theorien und Methoden basieren diese Studien? Erörtern Sie die wesentlichen Ergebnisse und selbstkritischen Anmerkungen der Autoren. Wichtig hier: es geht nicht um Ihre Meinung. Sie referieren lediglich. Von Ihnen wird auch nicht erwartet, dass Sie den gesamten Forschungsstand zur Kenntnis genommen haben; Sie können sich zeitlich und lokal eingrenzen (z. B. alle Studien in der deutschen Polizei ab 2010). Diese selbstgewählten Restriktionen müssen Sie aber mitteilen. An den Forschungsstand schließen sich an: Definition zentraler Begriffe Ihrer Thesis und die Erörterung wesentlicher – zum Forschungsproblem passender – Theorien und Modelle. Beides – Forschungsstand und Theorien – bilden letztendlich die Grundlage für Ihre Hypothesen als begründete Vermutungen. Das entscheidende Wort ist „begründet"! Im Grunde genommen prüfen wir oft nur drei Arten von Hypothesen:

a) Unterschiedshypothesen: Hier prüfen wir, ob sich zwei oder mehr Gruppen in der Ausprägung eines Merkmals unterscheiden. Auf unser obiges Beispiel bezogen könnte eine Hypothese lauten: Es ist zu vermuten, dass sich erwerbstätige Frauen mehr um Kinder und Haushalt kümmern als deren erwerbstätige Männer.

b) Zusammenhangs- und Abhängigkeitshypothesen: Solche Hypothesen hinterfragen die Zusammenhänge von Ausprägungen zweier Merkmale (z. B.: Gibt es einen Zusammenhang von Arbeitszufriedenheit und Lebensalter?) bzw. den Einfluss eines Merkmals auf ein anderes (z. B.: Hat die Lohnhöhe einen Einfluss auf die zusätzliche Anstrengungsbereitschaft von Mitarbeitern?). Hypothese 1 könnte dann lauten: Es wird ein Zusammenhang von Arbeitszufriedenheit und Lebensalter vermutet. Und Hypothese 2: Die Lohnhöhe hat Einfluss auf die zusätzliche Anstrengungsbereitschaft von Mitarbeitern.

c) Veränderungshypothesen: Diese werden formuliert, wenn wir Veränderungen nach einer Aktivität messen wollen (z. B. die Motivation von Mitarbeitern vor einem bestimmten Training und die Motivation nach diesem Training oder um ein Beispiel aus der Medizin zu wählen: Veränderungen im Wohlbefinden vor und nach einer Behandlung). Solche Hypothesen setzen zumindest je eine Messung ex ante und ex post voraus. Auch möglich wäre die Hinzunahme neuer Merkmale (bzw. Variablen) mit der Folge der Vermutung einer Verstärkung oder Abschwächung von Effekten. Als Beispiel verweise ich schon mal jetzt auf unsere 5. Übungshypothese.

3. *Methode*

Hier müssen Sie erklären, wie Sie Ihre Daten gewinnen wollen. Zur Auswahl stehen Beobachtungen, Experimente, Befragungen, Dokumenten- (bei der Erhebung von Primärdaten) und Literaturanalysen (z. B. bei einer Metaanalyse). Die gewählte Erhebungsmethode ist zu beschreiben und kritisch zu würdigen. Dabei können Sie auf eine Vielzahl von Methodenlehrbücher zurückgreifen. Die Erhebungsmerkmale selbst sollten operationalisiert – aus der Theorie – abgeleitet werden. Sie benötigen also Erhebungsinstrumente. Keine Angst, Sie müssen nicht jedes Rad neu erfinden. Sie können auf eingeführte Erhebungsinstrumente zugreifen; z. B. aus den referierten Studien. Es ist nur wichtig anzugeben, woher Sie Ihr Erhebungsinstrument haben. Zudem sollten Sie bei Befragungen angeben, wie Sie Ihre Stichprobe gezogen haben, wie groß die Grundgesamtheit und wie umfänglich die eigene Stichprobe ist. Und: Wie wollen Sie Ihre Daten auswerten (Auswertungsmethode)? An dieser Stelle gilt es – zumindest kurz -, die anzuwendenden statistischen Verfahren und Kenngrößen zu erörtern; ggf. empfiehlt sich ein Hinweis auf die verwendete Statistiksoftware. Generell sollten Sie sich zu den methodischen Ausführungen zwei Regeln merken:

1. Es gilt die Dreieinigkeit der wissenschaftlichen Methodik „Beschreiben-Begründen-Kritisieren": Alles was unter „Methoden" irgendwie erwähnt wird muss beschrieben, begründet und kritisch betrachtet werden. Die Wissenschaftsgemeinschaft schaut vordergründig auf die methodischen Ausführungen. Hier wird entschieden, ob eine Studie ernst genommen wird.

2. Sie müssen sich hier ernsthaft fragen, ob die von Ihnen gewählte Methode wirklich geeignet ist, eine Antwort auf Ihre Forschungsfrage zu ermöglichen. Aus diesem Grunde schauen Ihre Gutachter nach Ihrer Forschungsfrage umgehend auf die methodischen Ausführungen. Hier entscheiden Ihre Gutachter, ob sie Ihre Arbeit gut oder zumindest noch annehmbar finden.

4. *Ergebnisse*
Jetzt stellen Sie Ihre Befunde vor und prüfen Ihre Hypothesen. Sie können Ihre Hypothesen bestätigen, verwerfen oder eben auch nicht entscheiden. Eine Nichtentscheidung ist nicht per se etwas Misslungenes. Es ist jedoch ehrlich. Wenn Sie vorher alle Hinweise beachtet haben führt dies auch nicht zu einer schlechteren Bewertung Ihrer Arbeit; Sie sollten aber schon eine Begründung versuchen.
Eine Anmerkung zur Übernahme des Outputs von statistischen Berechnungen: bitte nicht einfach kopieren. Erstens ist nicht alles was Sie berechnet haben unmittelbar wichtig für die Hypothesenprüfung und zweitens erklären sich solche Ausdrücke nicht von selbst. Abkürzungen von Variablennamen werden zwar im Anhang erklärt, trotzdem sind solche „Abkürzungstexte" nur schwer zu lesen. Bedenken Sie, Hochschullehrer betreuen pro Semester 5 bis 10 Bachelor- und Masterarbeiten. Man kann sich nicht alle Abkürzungen von allen Variablen merken.

5. *Fazit und Diskussion*
Im Fazit diskutieren Sie Ihre Ergebnisse. Was bedeuten diese Ergebnisse, wie verhalten sie sich zu den theoretischen Grundlagen Ihrer Arbeit? Muss das Thema gänzlich neu gedacht werden oder ordnen sich Ihre eigenen Untersuchungserkenntnisse in den gegebenen wissenschaftlichen Kontext nahtlos ein? Welche praktischen Konsequenzen ergeben sich aus Ihren Ergebnissen und wo sehen Sie weiteren Forschungsbedarf? Und: beantworten Sie Ihre Forschungsfrage! Im Grunde genommen fassen Sie in diesem

letzten Teil Ihrer Arbeit Ihre Arbeit zusammen und gehen nochmals auf die Limitationen ein. Neue Informationen (immer wieder gerne gemacht: die beispielhafte Darstellung anderer Befunde, die bisher noch nicht in der eigenen Arbeit erwähnt worden sind) haben hier nichts mehr zu suchen.

2. Unser Übungsbeispiel

Die Daten zu unserem Übungsbeispiel (n = 244) stammen aus einer Originalstudie in der Berliner Kriminalpolizei. Durchgeführt wurde die Studie im Jahre 2019. Gemessen wurde das wahrgenommene Führungsverhalten mit dem Transformational Leadership Inventory von Podsakoff (Podsakoff et al. 1996) und die Wirkung von Führung mit den drei Wirksamkeitsskalen des Multifactor Leadership Questionnaires in ihrer deutschen Fassung (Heinitz und Rowold 2007). Zusätzlich erfolgte die Abfrage des Lebensalters, des Geschlechts und der Berufserfahrung der Befragungsteilnehmer wie auch des Geschlechts des unmittelbaren Vorgesetzten bzw. der unmittelbaren Vorgesetzten. Der Fragenbogen mit allen Items ist als Anhang diesem Essential beigefügt und der vollständige Datensatz online abrufbar unter „Beispieldatensatz_Essential".

Wir unterstellen für unsere Übungen die nachvollziehbare theoretische Herleitung von fünf Übungshypothesen aus dem referierten Forschungsstand.

Übungshypothese 1: Frauen und Männer unterscheiden sich nicht in ihrer Arbeitszufriedenheit. – Punkt 5. 3 (Teil 1).

Übungshypothese 2: Die vier Erfahrungsgruppen der Mitarbeiter in der Polizei nehmen die Intensität der geistigen Anregung seitens ihrer Führungskräfte unterschiedlich wahr. – Punkt 5. 3 (Teil 2).

Übungshypothese 3: Es gibt einen Zusammenhang von Alter der Mitarbeiter und ihrer Zufriedenheit. Je älter die Mitarbeiter sind desto zufriedener sind sie. – Punkt 5. 4

Übungshypothese 4: „Bedingte Belohnung (CR) hat einen Einfluss auf die Zufriedenheit von Mitarbeitern (SAT)". – Punkt 5. 5 (Teil 1).

Übungshypothese 5: „Die Wirkung bedingter Belohnung (CR) wird durch transformationales Führungsverhalten verstärkt (sog. Augmentationseffekt[1])" – Punkt 5. 5 (Teil 2).

---

[1]Der Augmentationseffekt besagt, dass der ökonomisch begründete Tausch zwischen Führungskraft und Mitarbeiter nicht beliebig erweitert werden kann. Er ist begrenzt durch die Notwendigkeit einer ökonomischen Sinnhaftigkeit aller Tauschverhältnisse. Dies bedeutet, dass die Führungskraft – wenn sie wirklich erfolgreich sein will – den ökonomischen Tausch durch einen sozialen Tausch ergänzen muss, um noch einen Zuwachs an Leistungsbereitschaft bei den Mitarbeitern zu erreichen (Zuwachsthese; auch als Augmentationseffekt bezeichnet).

Drei Anmerkungen zur Statistik bei Befragungen

1. Die Standardisierung als Voraussetzung aller Statistik

Die Ziele wissenschaftlich durchgeführter Befragungen sind Beschreibung und Erklärung. Unter Beschreiung verstehen wir die Ermittlung der Verteilung der Befragten hinsichtlich einer interessierenden Fragestellung (z. B. „Wie hoch ist der Anteil der Mitarbeiter, die ihren Vorgesetzten vertrauen?"). Zweck der Erklärung ist es, darüber hinaus zu ermitteln, aus welchen Gründen diese Verteilung zustande gekommen ist, ob z. B. die Stellung des Mitarbeiters im Unternehmen oder eher dessen Commitments für seine Haltung verantwortlich ist. Ganz im Gegensatz zur Alltagserfahrung, wonach die Ermittlung von Informationen durch ein Gespräch ein weitgehend problemloses Unterfangen darstellt, ist der Erfolg einer Befragung von der Beachtung zahlreicher Regeln abhängig. Die Befragung eröffnet, wie schon König feststellte, nur dann „einen hinreichenden Weg zur Erkenntnis", wenn sie „in kontrollierbarer Form angewendet wird" (König 1972, S. 27), d. h. es müssen die Voraussetzungen für einen kontrollierbaren Einsatz der verschiedenen Formen des Interviews gegeben sein.

Grundsätzlich verstehen wir unter einer Befragung ein planmäßiges Vorgehen mit wissenschaftlicher Zielsetzung, bei dem die Befragungsteilnehmer durch eine Reihe gezielter Fragen oder mitgeteilter Aussagen zu verbalen Informationen veranlasst werden sollen (Berger-Grabner 2016). Diese Beschreibung ist so weit gefasst, dass sie jede Form der wissenschaftlichen Befragung

Elektronisches Zusatzmaterial Die elektronische Version dieses Kapitels enthält Zusatzmaterial, das berechtigten Benutzern zur Verfügung steht. https://doi.org/10.1007/978-3-658-33647-9_3

einschließt. Wir unterscheiden die wissenschaftliche Befragung 1) nach der Erhebungsform (schriftlich, mündlich/telefonisch, online), 2) nach der Anzahl der Gesprächspartner (Einzel-, Gruppenbefragung) und 3) vor allem nach dem Grad der Standardisierung (nicht-standardisierte, teil-standardisierte und voll-standardisierte Befragung).

Je nach vorgesehenem Erkenntnisinteresse wird die Befragung in verschieden strenger Standardisierung eingesetzt. Weniger standardisierte Formen der Befragung werden häufig im Anfangsstadium einer Untersuchung in Form einer Expertenbefragung angewendet, wenn die Forschungsfrage noch nicht hinreichend konkretisiert ist, die verschiedenen Dimensionen eines Problems herauszuarbeiten sind und erste Forschungshypothesen formuliert werden sollen. In solchen explorativen Forschungssituationen wären standardisierte Fragen und Antwortvorgaben dysfunktional, da der Fragende dann keine Möglichkeit hätte, seine Gesprächsführung an neu auftauchende Aspekte eines Problems anzupassen. Er muss weiterführende Fragen stellen und je nach Gesprächsentwicklung oder Kompetenz seines Gesprächspartners vom Leitfaden der Befragung abweichen können. „Leitfadenbefragungen" haben einen hohen heuristischen Wert: Sie sind als nicht-quantifizierende Verfahren darauf angelegt, eine Person oder einen speziellen Fall (also: eine Untersuchungseinheit; einen Probanden) ganzheitlich zu verstehen. Sie eignen sich daher sehr gut zur Generierung von Hypothesen in einem bisher noch nicht hinreichend präzisierten Forschungsgebiet bzw. in einem frühen Stadium des Forschungsprozesses. Die teil- oder nicht-standardisierten Formen der Befragung haben ihre unbestrittene Berechtigung. Sie erfüllen allerdings im Forschungsprozess andere Funktionen als die standardisierte Befragung.

Die konsequente Einhaltung der Forderung nach methodischer Kontrolle ist m. E. nur für die vollstandardisierte Befragung gegeben. Bei der standardisierten Befragung, die als persönliche, schriftliche (auch online) oder telefonische Befragung durchgeführt werden kann, sind Frageform, Antwortvorgaben und die Fragefolge genau festgelegt. Oberstes Ziel der Standardisierung ist die intersubjektive Vergleichbarkeit der erhobenen Daten: Für die Klassifizierung des Befragten sollen allein seine objektiven Persönlichkeitsmerkmale ausschlaggebend sein. Das bedeutet, dass die Reaktion des Befragten nicht durch die Befragungssituation oder die Einstellungen, Verhaltensweisen oder intellektuellen Fähigkeiten des Fragenden beeinflusst werden dürfen. Die intersubjektiv vergleichbare Datenerhebung soll dadurch erreicht werden, dass Befragungsinstrumente und -situationen weitgehend einheitlich gestaltet werden.

Die standardisierte Einzelbefragung hat gegenüber Expertengespräch und Gruppendiskussion die größte Bedeutung erlangt und kommt seit Jahren in der Mehrheit aller Befragungsprojekte zum Einsatz. Eine der wichtigsten Gründe für ihre große Bedeutung sind die Vorteile, die sich aus der Verknüpfung der standardisierten Befragung mit der Stichprobentheorie ergeben. Das Verfahren zur Erstellung repräsentativer Stichproben machte es möglich, von einer kleinen Zahl von Befragten, die ein verkleinertes Abbild der Grundgesamtheit darstellen, auf die Gesamtheit der durch sie repräsentierten sozialen Gruppe zu schließen. Diese Möglichkeit machte die Umfrageforschung zu einem objektiven, effizienten und methodisch gültigen Verfahren, um Informationen über die Merkmale einer sozialen Gruppe durch Befragung eines nur kleinen Teiles dieser Gruppe zu erhalten. In allen Fällen, in denen repräsentative Aussagen über eine größere Gruppe zu treffen sind, ist die standardisierte wissenschaftliche Befragung eine billige, schnelle und technisch relativ leicht handhabbare Alternative.

Nicht verschwiegen soll allerdings, dass sich die Vorteile der standardisierten Befragung in dem Umfang relativieren, wie sich immer weniger Personen bereitfinden, an solchen Untersuchungen teilzunehmen. Nach eigenen Erfahrungen waren das bereits Anfang der 90er Jahre z. T. nur noch die Hälfte des ausgewählten Personenkreises. Auch bei Mitarbeiterbefragungen wird immer wieder eine zurückhaltende Teilnahmebereitschaft beklagt. Durch diese Ausfälle entsteht das Problem, dass diese durch Selbstauswahl reduzierte Personengruppe für die jeweils interessierende Mitarbeitergruppe (z. B. für die Gruppe der in der Fertigung Beschäftigten) nicht mehr repräsentativ ist. Auf dieses Problem der Selbstauswahl bzw. der Selbstselektion werde ich später nochmals zurückkommen.

2. **Die vier Skalenniveaus und die Likert-Skala**

Mit der Standardisierung der Befragung ist der Übergang zu einer grundsätzlich anderen Forschungsstrategie verbunden. An die Stelle der explorativen Erforschung eines Falles oder einer Person, wie sie für die Expertenbefragung typisch ist, tritt das Ziel der Erklärung von Problemen ganzer sozialer Gruppen. Erklärungen dieser Art lassen sich auch durch die Analyse nur weniger Fälle (weniger Mitglieder der untersuchten Gruppen) aufdecken. Voraussetzung dafür, dass diese Erklärungen in eine allgemeine Theorie überführt werden können, ist der Test, ob die entdeckte Regelmäßigkeit auch für die größere Bezugsgruppe Geltung beanspruchen kann. Solche Tests lassen sich nur dann durchführen, wenn die Befragung in standardisierter Form durchgeführt und die protokollierten Antworten gemessen, d. h. in ein Zahlensystem überführt wurden. Erst durch die quantifizierende Messung – d. h. durch die

Abbildung der Struktur eines empirisch relationalen Systems in ein numerisch relationales System – werden aus den Informationen der Befragten jene Daten, die die Prüfung von Hypothesen oder Theorien ermöglichen. Ein empirisch relationales System ist z. B. die Sympathie für einen Vorgesetzten mit den Ausprägungen „niedrig, mittel, hoch". Eine mögliche Entsprechung dazu wäre die numerische Relation „1, 2, 3".

Solche numerisch relationalen Systeme werden als Skalen bezeichnet. Je nach Eigenschaft der empirisch relationalen Systeme lassen sich vier Skalenniveaus unterscheiden:

1. Sind die Merkmale einer Variablen allein durch Gleichheit/Ungleichheit (Äquivalenzrelation) voneinander unterschieden, so sprechen wir von einer **Nominalskala.** Ein Beispiel ist die Variable „Wahlverhalten", wobei der Wahl einer politischen Partei ein bestimmter numerischer Wert zugeordnet wird (z. B. x-Partei = 1, y-Partei = 2, z-Partei = 3 usw.). Da diese Werte aber nicht als auf- oder absteigende Rangreihe interpretiert werden dürfen, könnte man beispielsweise auch Kodierungen wie 4, 7, 2 usw. benutzen.

2. Sind die Beziehungen zwischen den Elementen durch eine natürliche Rangordnung (Ordnungsrelation) beschrieben, sprechen wir von einer **Ordinalskala.** Diese Skala muss die Rangordnung (z. B. „schwach, mittel, stark") in den Skalenwerten wiedergeben (z. B. „1, 2, 3") und darf beispielsweise bei einer solchen Frage „Wie schätzen Sie die Ehrlichkeit Ihres Chefs bzw. Ihrer Chefin ein?" entsprechend interpretiert werden.

3. Sind die Abstände der Merkmalsverteilung von Bedeutung und lassen sich die Distanzen zwischen den Skalenwerten sinnvoll interpretieren, spricht man von einer **Intervallskala.** Eine Temperaturskala gemessen in Grad-Celsius entspricht einer Intervallskala, da die Differenzen zwischen den Skalenwerten (Temperaturunterschiede) empirisch sinnvoll aufgezeigt werden.

4. Beinhaltet eine Skala alle Eigenschaften einer Intervallskala und lässt sich der Skalenursprung als empirisch festgelegter Nullpunkt („absoluter Nullpunkt") interpretieren, so bezeichnet man diese Verhältnisrelation als **Ratioskala.** Beispiele für Ratioskalen (auch Verhältnisskalen genannt) sind Gewichte oder Maße, z. B. das monatliche Einkommen, das in Verhältniskategorien (doppelt, n-fach) interpretiert werden kann.

Zu beachten ist, dass die vier Skalen eine Hierarchie bilden und sich die Daten eines Messniveaus auf die jeweils niedrigeren Messniveaus zurückführen (transformieren) lassen. Die Variable Einkommen (metrisch gemessen in Euro) könnte beispielsweise auch ordinal (niedriges Einkommen, mittleres Einkommen, hohes Einkommen) bzw. nominal skaliert (mit Einkommen/ohne

Einkommen) gemessen werden. Auf der Grundlage der Einstufung „mit Einkommen/ohne Einkommen" verliert die Variable jedoch an Aussagekraft (Informationsverlust), da die Einkommensunterschiede (z. B. Distanzen) bzw. Einkommensrelationen (Hälfte, n-fach) nicht mehr aufgezeigt werden können.

Über die Wahl des angemessenen Skalenniveaus ist bei der Konstruktion des Fragebogens zu entscheiden; es wird vor allem bei der Analyse der Daten und der Interpretation der Ergebnisse bedeutsam.

Die Zusammenfassung mehrerer eigentlich „ordinalskalierter" Rating-Items mit dem Ziel der Messung eines gemeinsamen soziales Phänomens (eines sog. „latenten Merkmals") nennen wir **Likert-Skala**[1]. In unserem Beispieldatensatz haben wir z. B. die „Zusätzliche Anstrengungsbereitschaft" von Mitarbeitern gemessen. Die „Zusätzliche Anstrengungsbereitschaft" („EEF") ist die Likert-Skala, die sich aus den Items „EEF1", „EEF2" und „EEF3" zusammensetzt. Likert-Skalen müssen, da wir hier ein Intervallskalenniveau unterstellen, bestimmten zu überprüfenden Anforderungen genügen. Auf die rechnerische Überprüfung dieser Anforderungen wie auch auf die Bildung solcher Skalen werde ich ausführlich unter Punkt 5. 1 eingehen.

3. **Unsere Stichproben sind oft Stichproben mit eingeschränkter Repräsentativität**

Ausgangspunkt jeder wissenschaftlichen Befragung ist die Entscheidung darüber, für welchen Personenkreis die gefundenen Ergebnisse Geltung beanspruchen sollen. Ist die Zahl der zu Befragenden klein, so bietet sich die Befragung aller Personen, d. h. eine Vollerhebung an. Ist dagegen die Grundgesamtheit so groß, dass eine Vollerhebung nur mit großem Aufwand realisiert werden kann (z. B. die gesamte Polizei eines Landes), wird man auf eine Teilerhebung ausweichen. In diesem Fall ist zu überlegen, welcher Personenkreis stellvertretend für die Grundgesamtheit befragt werden kann. Anders ausgedrückt: Welche Mitglieder der Grundgesamtheit können mit welchem Verfahren so ausgewählt werden, dass sie eine repräsentative Stichprobe darstellen?

Die Repräsentativität einer Stichprobe ist immer dann gegeben, wenn die Merkmalsverteilungen einer Stichprobe denen der Grundgesamtheit, aus der sie gezogen wurde, entsprechen. Nur unter dieser Voraussetzung kann von den Ergebnissen der Stichprobe auf die Grundgesamtheit geschlossen werden.

Eine Stichprobe kann diesen Anforderungen nur genügen, wenn sie vier Voraussetzungen erfüllt:

---

[1] Bei einer Likert-Skala handelt es sich um eine psychometrische Skala als einen Satz von Skalen-Items, die als reflektive Indikatoren dazu dienen, gemeinsam ein latentes Merkmal zu messen. Entwickelt wurde dieser Skalentyp von Rensis Likert im Jahr 1932 (Döring und Bortz 2016).

1. Sie muss ein verkleinertes Abbild der Grundgesamtheit hinsichtlich der Heterogenität (Verschiedenartigkeit) der Elemente und hinsichtlich der Repräsentativität der für die Hypothesenprüfung relevanten Variablen sein.
2. Die Teilnehmer einer Stichprobe müssen definiert (d. h. genau bestimmt) sein (z. B. Kriminalbeamte in sachbearbeitender kriminalpolizeilicher Tätigkeit)
3. Die Grundgesamtheit, aus der die Stichprobe gezogen wird, sollte angegeben und empirisch definiert sein (z. B. die Polizeidirektion X)
4. Das Auswahlverfahren hat nachvollziehbar zu sein (hierzu siehe weiter unten).

Die konkreten Anforderungen müssen wir auf unser Forschungsproblem anpassen.

Beispiel:

Wir wollen wissen, ob Kriminalpolizisten, die in örtlichen Polizeidienststellen überwiegend Delikte der Häufigkeitskriminalität (z. B. einfacher Diebstahl, Einbruchsdiebstahl, einfache Körperverletzung) bearbeiten weniger stark committen als ermittelnde Kriminalpolizisten eines Landeskriminalamtes. Dann könnte man die Teilnehmer der Stichprobe definieren als a) ermittelnde Kriminalpolizisten in der Polizeidirektion X und b) ermittelnde Kriminalpolizisten des LKA. Die Grundgesamtheit aus denen die beiden Teilstichproben gezogen werden wären dann a) die Polizeidirektion x und b) das Landeskriminalamt. Wir müssen also in Erfahrung bringen, wieviel Kriminalisten des LKA und der Direktion X wirklich im Ermittlungsbereich insgesamt tätig sind. Damit hätten wir dann „N" – unsere zusammengefasste Grundgesamtheit.

Die Qualität des Schlusses vom Ergebnis einer Stichprobe auf die Grundgesamtheit (Induktionsschluss) hängt von zwei Voraussetzungen ab: von der **Größe einer Stichprobe** und deren **Repräsentativität.** Für die Stichprobenziehung macht man sich das „Gesetz der großen Zahlen" zunutze. Danach werden Ergebnisse, deren Wahrscheinlichkeiten sehr klein sind, sehr selten auftreten. Darüber hinaus wird die Wahrscheinlichkeit dafür, dass die gefundenen Stichprobenkennwerte (z. B. Anteilswert, Mittelwert eines Merkmals) beträchtlich von den ihnen entsprechenden Parametern in der Grundgesamtheit abweichen, umso kleiner, je größer der Umfang der Stichprobe ist.

Diese Logik ist in der Vergangenheit häufig dahin gehend missverstanden worden, dass bereits die Größe der Stichprobe die Qualität der gefundenen Ergebnisse garantiere. Für die empirische Sozialforschung gilt diese Frage jedoch seit den amerikanischen Präsidentschaftswahlen von 1936 als geklärt.

Anlässlich dieser Wahl hatte die Zeitschrift „Literary Digest" ihre Leser aufgefordert, der Redaktion mitzuteilen, für wen sie bei der bevorstehenden Wahl stimmen würden, Roosevelt oder Landon. Aufgrund dieser Leserbefragung, an der rund 10 Mio. amerikanischer Wähler teilnahmen, sagte die Zeitschrift den Sieg von Landon voraus. Konkurrierend dazu führten die Meinungsforschungsinstitute Gallup und Crossley zwei Umfragen durch, bei denen nur wenige tausend repräsentativ ausgesuchte Wähler befragt wurden und den Sieg Roosevelts vorhersagten (Bryson 1976). Roosevelts Sieg bestätigte nicht nur das Auswahlverfahren der beiden genannten Institute; er war auch gleichzeitig ein eindrucksvoller Beleg für den Forschungsstand der empirischen Statistik, der es in den 20er Jahren des letzten Jahrhunderts gelang, mathematisch exakt die Überlegenheit der repräsentativen Stichprobe zu beweisen.

Der entscheidende Unterschied zwischen beiden -oben genannten- Auswahlverfahren bestand darin, dass die erste Stichprobe nicht aus der Gesamtheit der amerikanischen Wähler gezogen wurde, sondern aus der Leserschaft der Zeitschrift „Literary Digest" -genauer: aus deren besonders aktiven Teil, der die Mühe auf sich nahm, an der Probeabstimmung teilzunehmen. Er war weder repräsentativ, noch waren die Einheiten der Stichprobe definiert, noch war das Auswahlverfahren personenunabhängig.

Hatte diese Wahl den Durchbruch des Stichprobenverfahrens gebracht, so fand unmittelbar danach eine Diskussion darüber statt, nach welchem Verfahren die Befragten auszuwählen seien, um zu einer möglichst repräsentativen Stichprobe zu gelangen. In dieser Diskussion standen sich zwei Lager gegenüber. Eine Gruppe sprach sich für das Quotenverfahren aus, die andere Gruppe für die Methode der Zufallsstichprobe.

Beim **Quotenverfahren** werden zunächst für die jeweils interessierende Grundgesamtheit die wichtigsten sozio-demographischen Merkmale erkundet (z. B. Anteile von Altersgruppen, Männern und Frauen, Mitarbeiter und Führungskräfte usw.). Diese Anteile werden dann auf die geplante Größe der Stichprobe umgerechnet, sodass sichergestellt ist, dass die realisierte Quotenstichprobe genau dieselben Merkmalsverteilungen aufweist. Diese Quotenstichprobe wird schließlich auf die Fragenden aufgeteilt, damit jeder eine nach demografischen Merkmalen genau bestimmte Zielgruppe befragen kann. Innerhalb dieser Quoten hat der Fragende freie Hand bei der Bestimmung der Zielpersonen.

Demgegenüber lässt die **Wahrscheinlichkeits- oder Zufallsstichprobe** dem Fragenden keine Wahlmöglichkeit für die Auswahl seiner Befragungsteilnehmer. Von einer Zufallsstichprobe sprechen wir dann, wenn die Auswahl nicht willkürlich stattfindet, sondern jedes Element der Grundgesamtheit die gleiche oder eine genau angebbare Chance hat, in die Stichprobe zu gelangen. Es gibt u. a. folgende Möglichkeiten, eine Zufallsstichprobe zu ziehen:

a) Losen (z. B. werden die Namen aller Mitarbeiter in eine Lostrommel gegeben und anschließend ausgelost)

b) Teilen (z. B. kann festgelegt werden, dass die Fragenden aus der Personalaktenablage jeden n-ten Mitarbeiter auszuwählen haben; ist n = 100 bedeutet dies: es sind die Mitarbeiter zu befragen, denen die jeweils hundertste Personalakte gehört)

c) Zufallsgenerator (die Namen aller möglichen Probanden werden rechnergestützt erfasst und per Zufallsgenerator ermittelt).

Mitunter werden in einem zweistufigen Verfahren zuerst repräsentative Großgruppen aus der Grundgesamtheit ausgewählt (z. B. 1 Polizeidirektion von insgesamt 6 Polizeidirektionen landesweit). Erst in einem zweiten Schritt wird dann gelost, geteilt usw. Ein solches Verfahren ist sehr aufwendig und teuer.

Was bedeutet das nun für uns vor allem auch unter dem Aspekt, dass immer mehr Befragungen online stattfinden. Bei Onlinebefragungen haben wir es mit sogenannten **Selbstselektions-Stichproben** als eine besondere Form der Gelegenheitsstichprobe zu tun. Der betreffende Link wird auf die Homepage der betroffenen Behörde eingestellt (oder in einem Unternehmen intern allen Mitarbeitern zugänglich gemacht) und jeder, der sich angesprochen fühlt, kann den Link aktivieren und dann die Fragen beantworten. D. h.: der potenzielle Befragungsteilnehmer entscheidet, ob er teilnimmt – was natürlich vordergründig von der eigenen Betroffenheit und Motivation abhängt. Oft versucht man dieses Problem zu umgehen, indem man die potenziellen Befragungsteilnehmer mit einer persönlichen Mail zur Teilnahme an die Befragung einlädt. Ob das Problem der Selbstselektion damit gelöst ist kann an dieser Stelle nicht entschieden werden. Auf jedem Fall hat man mögliche Selbstselektionseffekte zumindest etwas minimiert. Aus pragmatischen Gründen wird die Arbeit mit Selbstselektions-Stichproben empfohlen. Eine schwache Datenbasis ist immer noch besser als keinerlei empirische Basis (Döring und Bortz 2016). Aber weisen Sie bitte bei Ihren methodenkritischen Anmerkungen auf die Grenzen der Aussagekraft Ihrer Studie hin und vermeiden Sie euphorische Überinterpretationen.

„R", „RStudio" und erste Funktionen

4

Einführend werde ich unter Punkt 4 „R" und „RStudio" vorstellen, um dann in einen zweiten Unterpunkt wesentliche Begriffe und immer wiederkehrende Befehle zu erörtern.

1. **Die Software installieren, den eigenen Datensatz einlesen und notwendige Pakete installieren.**

   Von der Internetseite https://cran.r-project.org können Sie „R" und von der Seite https://www.rstudio.com/ide/ „RStudio" herunterladen. „RStudio" ist eine komfortable und anwenderfreundliche Benutzeroberfläche von „R". D. h.: Sie müssen „R" wie auch „RStudio" herunterladen. Wenn Sie dies einmal getan haben, brauchen Sie künftig nur noch „RStudio" öffnen. Weitergehende Informationen zur Installation finden Sie bei Sauer (Sauer 2019) und Luhmann (Luhmann 2015). Konkrete praktische Hinweise finden Sie auch im Internet. „R" hat mittlerweile eine große Fangemeinde, die sich untereinander hilft. „RStudio" ist übersichtlich strukturiert (s. Abb. 4.1 RStudio):

   Den eigenen Datensatz können Sie mit „Import Dataset" (siehe rechts oben bei „Andere Datensätze" und Abb. 4.2 Einlesen eines Excel-Datensatzes) einlesen. Achten Sie bitte darauf, beim Schließen von RStudio diesen Datensatz abzuspeichern mit „*q()*" und einer Bejahung der Frage, ob sie den Datensatz abspeichern wollen.

Elektronisches Zusatzmaterial Die elektronische Version dieses Kapitels enthält Zusatzmaterial, das berechtigten Benutzern zur Verfügung steht. https://doi.org/10.1007/978-3-658-33647-9_4

K.-H. Fittkau, *Statistik mit „R" für Nicht-Mathematiker*, essentials, https://doi.org/10.1007/978-3-658-33647-9_4

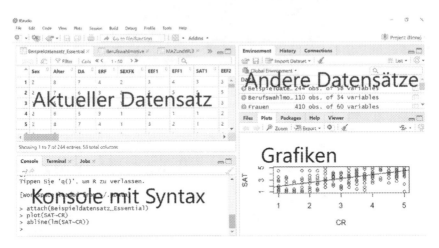

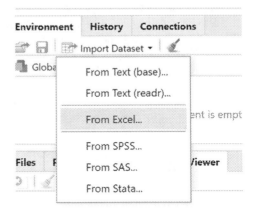

Abb. 4.1 RStudio

Abb. 4.2 Einlesen eines
Excel-Datensatzes

„R" arbeitet mit einer Vielzahl von Paketen, die z. T. in der Basisversion
enthalten sind. Sie können diese Pakete mit *„library(Name des Pakets)"* aufrufen. Sollte ein Paket nicht auffindbar sein, können sie es mit der Syntax
„install.packages" oder über den Button „Install" im Reiter Packages aufrufen
und in Ihrem „RStudio" quasi „hinterlegen". Ein solches Paket ist zwar dann
hinterlegt, aber nicht durchgehend arbeitsbereit. Sie müssen die aktuell benötigten Pakete jedes Mal mit *„library(Name des Pakets)"* laden. Sie besitzen

	Sex	Alter	DA	ERF	SEXFK	EEF1	EFF1	SAT1
16	2	8	7	4	2	2	3	2
17	1	5	5	3	2	5	5	5
18	2	7	5	3	2	3	2	4
19	1	6	6	3	2	1	1	1
20	1	4	3	2	2	3	3	3

Abb. 4.3 Data-Frame mit Zeilen und Spalten

zwar ein Buch, es liegt aber nicht auf Ihrem Schreibtisch; es muss erst gesucht werden, damit Sie damit auch arbeiten können. Am häufigsten benötigen Sie das Paket „psych" von Revelle (Revelle 2017). Neben „psych" nutzen wir für unsere Beispielrechnungen die Pakete „nortest" (Gross und Ligges 2015) und „car" (Fox et al. 2019). Ich habe die Anforderungen dieser Pakete an den entsprechenden Stellen in meiner Syntax für Sie mit ausgeworfen.

2. **Begriffe und Befehle, die Sie kennen sollten**
   Natürlich können Sie mit „R" einfache Rechenoperationen ähnlich einem Taschenrechner realisieren. Aber warum sollten Sie es. In dieser Hinsicht sind Taschenrechner einfacher in ihrer Handhabung. Hier einige Befehle für mathematische Rechenoperationen: Addition „x + y", Subtraktion („x–y"), Mulitplikation („x*y"), Division („x/y"), Potenz („x^y"), Wurzel („sqrt(x)"), n-Wurzel („x^(1/n)"), Exponentialfunktion e^x („exp(x)"), der natürliche Logarithmus („log(x)") usw. usf.
   In „R" gibt es Data Frames, Vektoren und Faktoren. *Data Frames* sind die Excel-Tabellen der „R-Welt". So ein Data Frame besteht aus einer Vielzahl von Spalten und Zeilen (s. Abb. 4.3 Data-Frame mit Zeilen und Spalten). Die Zeilen bilden die einzelnen Befragungsteilnehmer ab; die Spalten die von den Teilnehmern angekreuzten Werten zu den einzelnen Items. Die Zuordnung von Teilnehmern und Werten muss eindeutig sein. Ansonsten können Sie nicht rechnen!

Ein Beispiel aus dem obigen Data-Frame:

Der Befragungsteilnehmer Nr. 16 hat bei dem Item „EEF1" eine 2 angekreuzt.

Vektoren und *Faktoren:* Ordinal-, Intervall- und Ratioskalen werden in „R"
als Vektoren und Nominalskalen als Faktoren behandelt. Zudem sollte man
wissen, dass „R" numerische Datensätze (und das ist regelmäßig der Fall)
als numerische Vektoren abspeichert. Das bedeutet: wir müssen Spalten,
die fälschlicherweise als Vektoren „daherkommen" in Faktoren umwandeln.
Ansonsten können wir bestimmte Verfahren nicht anwenden. Das klassische Beispiel: Wir wollen wissen, ob sich Frauen und Männer in ihren
Commitmentausprägungen unterscheiden. Hier wäre ein t-Test für unabhängige Stichproben einschlägig, der aber für die unabhängige Variable (hier:
Geschlecht) einen Faktor benötigt. Wie man Vektoren in „R" in Faktoren
umwandelt erörtere ich unter Punkt 5. 1 dieses Essentials.

Nutzen Sie bitte die *„attach-Funktion".* Mit dieser Funktion aktivieren Sie
Ihren Datensatz; ansonsten müssen Sie in Ihrer Syntax auf den Datensatz
hinweisen, den Sie gerade bearbeiten wollen. Dies machen Sie mit dem
Dollarzeichen.

Zwei Beispiele:

1. >*Beispieldatensatz_Essential$EEF1 – dies bedeutet: zeige mir alle Werte
    „EEF1" aus dem Data Frame „Beispieldatensatz_Essential"*

2. >*mean(Beispieldatensatz_Essential$EEF1) – dies bedeutet: ermittle
    den Durchschnitt aller Werte „EEF1" aus dem Data Frame
    „Beispieldatensatz_Essential"*

Alle anderen benötigten Befehle (auch genannt: Syntax) werde ich bei den
jeweiligen Berechnungen bezogen auf das konkrete Problem darstellen und
erklären.

Datenanalyse mit R – ausgewählte Probleme

5

5.1 Aufbereitung des Datensatzes und Analyse der Likert-Skalen

Bevor wir mit dem Rechnen beginnen können müssen wir entscheiden, wie wir mit unvollständigen Datensätzen umgehen. Zudem ist es unabdingbar die Items, die Bestandteil einer Likert-Skala sind zusammen zu fassen. Aber Vorsicht: manche sind falsch gepolt. Diese also bitte noch „umpolen" – wir nennen so etwas „Recodieren". Abschließend werden die Reliabilitäten der Likert-Skalen berechnet, die Skalen analytisch aufbereitet und noch einzelne Vektoren in Faktoren umgewandelt (z. B. Geschlecht). Einige statistische Verfahren setzen Faktoren voraus (z. B. der T-Test für unabhängige Stichproben, s. Punkt 5. 3)

(1) Unvollständige Datensätze
Wir sollten unvollständige Datensätze aussorticren, wenn wir genügend Datensätze haben (ab ca. 100; warum erkläre ich später) und die Anzahl der unvollständigen Datensätze relativ gering ist (höchsten 10 %). Regressionsanalysen wie auch Mittelwertvergleiche (z. B. T-Test) funktionieren nur, wenn in den Datensätzen keine Werte fehlen.

Elektronisches Zusatzmaterial Die elektronische Version dieses Kapitels enthält Zusatzmaterial, das berechtigten Benutzern zur Verfügung steht. https://doi.org/10.1007/978-3-658-33647-9_5

Beispiel:

Sie haben die Werte 3, 4, 5, 2, 6, fehlend, 4, 6 und wollen aus diesen Werten den Mittelwert bilden. Mit welchem Wert soll „fehlend" in Ihre Rechnung eingehen? Sie sehen, das macht keinen Sinn.

So ist es eben auch bei Regressionsanalysen. Hier benötigen Sie für die Standardisierung der Regressionskoeffizienten neben Mittelwerten auch die Standardabweichungen als durchschnittliche Abweichung aller Werte vom Mittelwert.

Auch hierzu ein Beispiel:

15 Studenten reichen eine Hausarbeit ein. Der Durchschnitt aller eingereichten Hausarbeiten beträgt 9, 33 (Bewertungsskala geht von 15 Punkten = Note 1 bis 1 Punkt = Note 6; Durchgefallen ist man bei einem Punktwert unter 5; 5 = Note 4 -). Best-Studentin A bekommt 14 Punkte, d. h. ihre Abweichung vom Mittelwert beträgt 14 – 9, 33 = 4, 67; Schlecht-Student B bekommt 5 Punkte, d. h. seine Abweichung vom Mittelwert beträgt 5 – 9, 33 = −4, 33 usw. usf. Letztendlich werden alle quadrierten Abweichungen addiert und durch 15 geteilt. Dies wäre dann die sog. Varianz. Und die Wurzel aus der Varianz ergibt die Standardabweichung.

Natürlich können Sie auch den ganzen Datensatz in Ihrer Untersuchung verwenden. Sie müssen aber bei Regressionen und Mittelwertvergleichen daran denken, dass Sie alle Datensätze in einem neuen Data Frame abspeichern und anschließend mit der „na.omit[1]"-Funktion alle Personen mit mindestens einem fehlenden Wert in einem der Items entfernen:

```
> attach(Dateiname)
> auswahl<-Dateiname(Var.1, Var.2, Var.n…)
> detach(Dateiname)
> auswahl<-na.omit(auswahl)
```

Daran müssen Sie aber schon bei der Zusammenfassung einzelner Items zu einer Likert-Skala denken. Hier gibt es zwar bei „R" die Möglichkeit etwas entspannter mit fehlenden Werten umzugehen; dies verkompliziert jedoch die Befehlssyntax und verpflichtet uns zu gesonderter Berichterstattung bei der Ergebnisdarstellung.

---

[1]Die Funktion „na.omit" setzt sich aus zwei Begriffen zusammen: na = not available values (fehlende Werte) und omit (auslassen). Also: erstelle einen neuen Dataframe und lasse dabei alle Datensätze mit fehlenden Werten aus.

Beispiel:

Wir wollen wissen, welcher Wert unsere EEF1-Daten (Item 1 der Subskala „Zusätzliche Anstrengungsbereitschaft") in zwei Hälften teilt - also den Medianwert. Wir unterstellen einfach, dass in unserem Datensatz „Beispieldatensatz_Essential" Werte fehlen. Was selbstverständlich nicht der Fall ist, da wir klugerweise vorher unvollständige Datensätze entfernt haben. Leider wird der Medianwert nur berechnet bei vollständigen Datensätzen. Wir müssen also „R" befehlen, fehlende Werte zu überspringen:

> *attach(Beispieldatensatz_Essential)*

> *median(EEF1,na.rm[2]=TRUE)*

[1] ...

Die Syntax für den Mittelwert wäre dann:

> *mean(EEF1,na.rm=TRUE)*

[1] ...

Die Entfernung unvollständiger Datensätze können und sollten Sie schon machen bevor Sie die Daten in „RStudio" exportieren. Excel ist in dieser Hinsicht einfacher zu handhaben. Die Anzahl „aussortierter" Datensätze müssen Sie jedoch in Ihrer Arbeit erwähnen.

(2) Vom Item zur Skala

Viele Skalen setzen sich als psychometrische Skalen aus einer Vielzahl von Items zusammen. Sie dienen dazu, gemeinsam ein latentes Merkmal zu messen (z. B. Zusätzliche Anstrengungsbereitschaft von Mitarbeitern, „EEF"). Eine solche Skala muss – wie auch schon die oben beschriebenen Skalenarten – objektiv, valide und reliabel sein. Die Zusammenfassung der einzelnen Items kann entweder als Summen- oder als Durchschnitts-Score erfolgen. Da die meisten Studien mit Durchschnitts-Scores arbeiten gehe ich lediglich auf die relevanten Durchschnitt-Score-Berechnungen ein:

```
> attach(Dateiname)
> Dateiname$Name der Likert-Skala<-rowMeans(Dateiname[c("Name
von Item 1","Name von Item 2,"Name von Item n")])
```

Beispiel:

---

[2]Die Abkürzung „rm" steht für remove (entfernen).

> *attach(Beispieldatensatz_Essential)*

> *Beispieldatensatz_Essential$EEF<-rowMeans*

(Beispieldatensatz_Essential[c("EEF1","EEF2","EEF3","EEF4")])

Falls Skalen entgegengesetzt gepolt sind müssen Sie diese Skalen bevor Sie die neue Skala berechnen recodieren; also die Codierung umdrehen. Unterstellen wir, in unserer Skala gibt es das Item 5 mit einer entgegensetzten Polung (z. B. absteigend statt aufsteigend wie bei den anderen Items 1 bis 4). Wir haben eine Skala mit 5 Intensitätsstufen. In diesem Fall müssen wir lediglich alle einzelnen Werte vom um 1 erhöhten Maximalwert (hier = 5 + 1 = 6) abziehen. Das Ergebnis sollten wir dann in einer neuen Variablen (sinnigerweise „Item5r") abspeichern. Die Syntax:

```
> attach(Dateiname)
> Dateiname$Name von Item n r<-6-Dateiname$Name von Item n
```

Beispiel (Achtung – EEF1 ist nicht entgegengesetzt gepolt; die Syntax dient lediglich der Verdeutlichung!):

> *attach(Beispieldatensatz_Essential)*

> *Beispieldatensatz_Essential$EEF1r<-6-Beispieldatensatz_Essential$EEF1*

Die mit Abstand am häufigsten in der Forschung verwendete psychometrische Skala ist die sog. „Likert-Skala". Typischerweise werden 5-stufige Ratingitems mit zunehmenden bzw. abnehmenden Intensitätsstufen[3] eingesetzt (Döring und Bortz 2016)

Beispiel:

Die Teilnehmer einer Umfrage (s. unsere Datei „Beispieldatensatz_Essential") müssen die Aussage bewerten „Meine unmittelbar vorgesetzte Führungskraft spornt mich an, erfolgreich zu sein". Die Intensitätsstufen gehen von „1 = trifft nicht zu" bis „5 = trifft zu". Eine Bezeichnung der Zwischenstufen unterbleibt, um die Befragungsteilnehmer möglichst wenig durch sogenannte adverbiale Modifikatoren zu beeinflussen (Faulbaum 2019).

Likert-Skalen werden statistisch oft wie Intervallskalen behandelt. Dies hat den Vorteil, dass man mit ihnen eine Vielzahl von statistischen Verfahren rechnen kann. Aber

---

[3]Zu den Intensitätsstufen empfehle ich den schon in die Jahre gekommenen Artikel von Bernd Rohrmann aus dem Jahre 1978: Empirische Studien zur Entwicklung von Antwortskalen für die sozialwissenschaftliche Forschung (Rohrmann 1978).

Vorsicht: eine Zuordnung kann nicht beliebig erfolgen. Sie muss begründet werden oder wir nutzen einfach nur Likert-Skalen deren Intervallskalenniveau allgemein anerkannt ist. Wir greifen auf bereits etablierte Skalen zurück.

(3) Berechnung der internen Konsistenz und Itemanalyse
Hinsichtlich der Objektivität und Validität von Likert-Skalen gilt auch hier: es bedarf eindeutiger Anwendungs- und Auswertungsvorschriften (Objektivität) und einer theoretischen Begründung der von uns verwendeten Likert-Skalen – es muss auch wirklich das gemessen werden was wir zu messen vorgeben (Validität). Die Reliabilität weisen wir regelmäßig mit der statistischen Kenngröße Cronbach's α nach. Dieses Maß der internen Konsistenz beruht auf den beobachteten Kovarianzen der einzelnen Items – also messen die Items wirklich alle in dieselbe Richtung und dasselbe theoretische latente soziale Konstrukt? Zur Interpretation von Cronbach's α: unter .5 nicht akzeptabel, ab .5 bis .7 fragwürdig, ab .7 akzeptabel und ab .8 gut/hoch. Der Schwellenwert liegt somit bei .7 (Schmitt 1996). Cronbach's α können wir in R gemeinsam mit der Itemanalyse berechnen. Die Itemanalyse benötigen wir, um die Testtauglichkeit unserer Items einschätzen zu können. Aus diesem Grunde wird an dieser Stelle die entsprechende Syntax für die Berechnung von Cronbach's α und die Itemanalyse am Beispiel der Skala „EEF" (Zusätzliche Anstrengungsbereitschaft) aus unserer Datei „Beispieldatensatz_Essential" vorgestellt. Die Güte von Items einer Skala kann eingeschätzt werden über ihren Beitrag zu Reliabilität der jeweiligen Skala, ihre Schwierigkeit, ihre Trennschärfe wie auch über ihre Verteilungsform (Luhmann 2015).

Beispiel:

```
> attach(Beispieldatensatz_Essential)

> library(psych)

> EEF<-data.frame(EEF1,EEF2,EEF3,EEF4)

> alpha(EEF)
```

In der ersten Spalte der Ausgabe finden wir unter raw_alpha das klassische Cronbach's α. Die Gesamtausgabe in RStudio:

```
Reliability analysis
Call: alpha(x = EEF)

  raw_alpha std.alpha G6(smc) average_r S/N    ase mean
     0.91     0.91    0.89    0.72 10 0.0097    3
  sd median_r
  1.1    0.71

  lower alpha upper      95% confidence boundaries
  0.89 0.91 0.93

  Reliability if an item is dropped:
      raw_alpha std.alpha G6(smc) average_r  S/N alpha se
EEF1    0.87      0.88    0.83     0.70  7.0  0.0143
EEF2    0.86      0.87    0.82     0.68  6.5  0.0154
EEF3    0.87      0.87    0.83     0.70  6.9  0.0144
EEF4    0.91      0.92    0.88     0.78 10.8  0.0094
       var.r med.r
EEF1 0.00581  0.66
EEF2 0.00490  0.65
EEF3 0.00767  0.66
EEF4 0.00031  0.79


  Item statistics
       n raw.r std.r r.cor r.drop mean  sd
EEF1 244  0.90  0.90  0.86   0.82  3.0 1.3
EEF2 244  0.91  0.91  0.89   0.84  2.9 1.3
EEF3 244  0.90  0.90  0.86   0.82  2.5 1.1
EEF4 244  0.84  0.83  0.73   0.70  3.4 1.3

  Non missing response frequency for each item
      1    2    3    4    5 miss
EEF1 0.16 0.20 0.26 0.26 0.11    0
EEF2 0.16 0.23 0.26 0.23 0.12    0
EEF3 0.20 0.32 0.29 0.14 0.05    0
EEF4 0.11 0.14 0.19 0.32 0.24    0
```

Die anderen Werte dienen der Itemanalyse (Abb. 5.1):

1. Beitrag zur Reliabilität einer Skala: Die einzelnen Items sollten die Gesamtreliabilität der Skala verbessern. Den Beitrag des einzelnen Items zur Gesamtreliabilität können Sie indirekt der ersten Spalte der ersten Tabelle entnehmen. Hier wird der Cronbach's α-Wert der Restskala ausgeworfen, bei der das zuvor benannte Item in der Skala fehlt. Merke: je kleiner Cronbach's α im Vergleich zum Cronbach's α der Gesamtskala, desto größer ist der Beitrag des überprüften Items zur Gesamtreliabilität.

Beispiel aus dem „Beispieldatensatz_Essential":

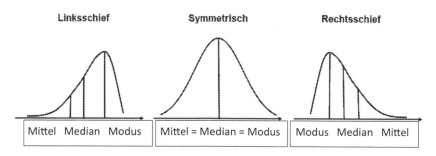

Abb. 5.1   Darstellung der Verteilungsformen

Bei EEF1 sehen wir den Wert 0.87. EEF1 verbessert also die Gesamtreliabilität. EEF4 hingegen führt zu keiner Verbesserung der Gesamtreliabilität – der ausgeworfene Wert ist 0.91. Da er die Gesamtskala auch nicht negativ beeinflusst brauchen wir ihn nicht aussortieren.

2. Schwierigkeit: Die Items sollten eine mittlere Schwierigkeit haben, d. h. es sollte den Teilnehmern weder zu leicht fallen einer Aussage zuzustimmen (hoher Mittelwert) noch sollte eine Aussage dazu verführen, sie regelmäßig abzulehnen (niedriger Mittelwert). Items mit sehr hohen und sehr niedrigen Mittelwerten sollten eigentlich ausgeschlossen werden. Bei einer 5er Likert-Skala beträgt der ideale Durchschnittswert 3, 0 ((1 + 5)/2). Mittelwerte ab 2, 5 bis 3, 5 sind gut, Mittelwerte darunter bis 2, 0 und darüber bis 4, 0 sind akzeptabel. Die Mittelwerte der einzelnen Items finden Sie in der zweiten Tabelle der Ausgabe.
Beispiel aus dem „Beispieldatensatz_Essential":
Das Item EEF1 hat einen idealen Mittelwert von 3,0; das Item EEF3 einen noch guten Mittelwert.

3. Trennschärfe: Jedes Items sollte die Gesamtskala gut repräsentieren. Dazu wird das untersuchte Item mit der Gesamtskala minus dem untersuchten Item korreliert (hier bei R: „r.drop"-Werte, 5. Spalte der zweiten Tabelle). Je höher die Korrelation desto besser. Werte ab .5 sind akzeptabel; ab .7 gut; ab .8 hervorragend. Trennschärfe zeigt auf, wie stark sich eine Person mit hohen Werten von einer Person mit niedrigen Werten eines Items unterscheidet – also was diese beiden Personen trennt. Wer bei Item 1 hoch ankreuzt sollte auch bei Item 2 usw. hoch ankreuzen (bei allen Items einer Skala) im Gegensatz zu einem Teilnehmer, der das Item 1 niedrig angekreuzt hat.
Beispiel aus dem „Beispieldatensatz_Essential":

Beim Item EEF1 finden wir in der Spalte „r.drop" den hervorragenden Wert 0.82. Selbst über den Wert von EEF4 0.70 können wir „nicht meckern"; es ist ein guter Wert.

4. Verteilungsform: Die Antworten auf die einzelnen Items sollten möglichst normalverteilt, zumindest aber symmetrisch sein – die meisten Zustimmungen haben mittlere Werte auf der vorgegebenen Likert-Skala. Die von diesen links und rechts abgehenden Graphenarme sind dann weitgehend gleichmäßig wie bei einer Glockenkurve. Zur Einschätzung der Verteilungsform benötigen wir die sog. Schiefe-Werte (skewsness:„skew"; bei R ermittelt mit der describe-Funktion aus dem psych-Paket). Zur Interpretation:

a) „skew">0: der Modalwert (der häufigste Wert) liegt links vom Mittelwert; wir haben es hier mit einer sog. linkssteilen Verteilung zu tun (linkssteil, weil der linke Graphenarm steil abfällt). Achtung: wenn der linke Graphenarm steil abfällt, dann ist der rechte Graphenarm arg schief – deswegen auch die Bezeichnung „rechtsschiefe Verteilung"

b) „skew"<0: der Modalwert liegt rechts vom Mittelwert; wir haben es hier mit einer sog. rechtssteilen Verteilung zu tun (also linksschief)

c) „skew" = 0: Modal- und Mittelwert sind identisch; Verteilung ist symmetrisch (aber nicht zwingend normalverteilt, dazu müsste man noch den Exzess betrachten; bei unserer Ausgabe unter „kurtosis"; Exzess-Werte um Null deuten eine Normalverteilung an)

d) Das Ganze noch grafisch[4]:s. Abb. 5.1 Darstellung der Verteilungsformen

e) Dies bedeutet: je näher an Null desto besser. Bei einer 5er Likert-Skala sind Werte unter 0.5/-0.5 gut und Werte darüberhinausgehend bis 1.0/-1.0 akzeptabel; ab 1.0/-1.0 kurze kritische Bewertung, warum man auf dieses Item trotzdem nicht verzichtet (z. B. aufgrund der Unwesentlichkeit der Abweichung bei ansonsten guten Item-Kennwerten)

Die Syntax und die Ausgabe in RStudio:

library(psych)

EEF<-data.frame(EEF1,EEF2,EEF3,EEF4)

describe(EEF)

---

[4]Nach der Fechnerschen Lageregel ist eine Verteilung rechtsschief, wenn gilt, dass der Modus kleiner als der Median ist und dieser wiederum kleiner als das arithmetische Mittel. Andernfalls ist sie linksschief.

Ausgabe in RStudio

```
Ausgabe in RStudio

        vars   n mean   sd median trimmed  mad min max
EEF1       1 244 2.96 1.25      3    2.95 1.48   1   5
EEF2       2 244 2.93 1.25      3    2.91 1.48   1   5
EEF3       3 244 2.53 1.12      2    2.47 1.48   1   5
EEF4       4 244 3.43 1.29      4    3.54 1.48   1   5
        range  skew kurtosis   se
EEF1       4 -0.07    -1.03 0.08
EEF2       4  0.03    -1.03 0.08
EEF3       4  0.36    -0.62 0.07
EEF4       4 -0.49    -0.87 0.08
```

Beispiel aus dem „Beispieldatensatz_Essential":

Unsere Werte betragen für EEF1 = −0.07, EEF2 = 0.03, EEF3 = 0.36 und EEF4 = −0.49. Die ersten beiden Items sind weitgehend symmetrisch; EEF3 ist tendenziell linksteil verteilt (also etwas rechtsschief) und EEF4 ist tendenziell rechtssteil verteilt (also etwas linksschief).

(4) Umwandlung von Vektoren in Faktoren und deren Häufigkeiten

Wie ich oben schon beschrieben habe unterscheiden wir zwischen Nominal-, Ordinal-, Intervall- und Verhältnisskalen. In R werden alle Variablen erstmal behandelt als wären sie zumindest Ordinalskalen. Dies ist aber in der Realität nicht so – es gibt keinen aufsteigenden Unterschied z. B. zwischen Frauen und Männern. Die Variable Geschlecht ist lediglich nominal und als solche wird sie von einigen statistischen Verfahren auch nur akzeptiert. Dies bedeutet: wir müssen den Vektor „Geschlecht" in den Faktor „Geschlecht" umwandeln (natürlich können Sie auch noch „divers" hinzufügen, wenn sich einer Ihrer Befragungsteilnehmer selbst als „divers" bezeichnet):

Beispiel anhand unseres Datensatzes „Beispieldatensatz_Essential"

> attach(Beispieldatensatz_Essential)

> Beispieldatensatz_Essential$Sex.faktor<-factor(Beispieldatensatz_Essential$Sex,levels = c(1,2), labels = c("weiblich", "männlich"))

Die Häufigkeitsverteilungen von Faktorvariablen fordern Sie dann wie folgt an:

> attach(Beispieldatensatz_Essential)

> absolut<-table(Sex.faktor)

```
> relativ<-prop.table(absolut)

> prozent<-100*relativ

> kumuliert<-cumsum(prozent)

> haeufigkeiten<-cbind(absolut,relativ,prozent,kumuliert)

> round(haeufigkeiten,2)
```

Sie erhalten jetzt die absoluten, relativen, prozentualen und kumulierten prozentualen Häufigkeiten weiblicher und männlicher Befragungsteilnehmer gerundet auf 2 Stellen hinter dem Komma. Diese Angaben benötigen wir für die demografische Beschreibung unserer Stichprobe. Die Häufigkeiten können mit der gleichen Syntax auch für Vektoren angefordert werden; bei unseren psychometrischen Skalen werden die in RStudio ausgegebenen Tabellen aufgrund der Nachkommastellen sehr umfänglich und entziehen sich somit einer sinnhaften Interpretation.

5.2   Deskriptive Statistiken: ein Muss in jeder Studie

In einer quantitativ-empirischen Arbeit sind zwingend Mittelwerte, Standardabweichungen und die Interkorrelationen der verwendeten Skalen auszuwerfen und kurz zu besprechen. Wie wir eine solche Tabelle mittels „R" erstellen werde ich an unserem Data Frame „Beispieldatensatz_Essential" erörtern. Ich unterstelle dabei, dass wir die entsprechenden psychometrischen Skalen gebildet (z. B. aus den Items „EEF1" bis „EEF 4" die Skala bzw. Variable „EEF") und zu unserem Data Frame „Beispieldatensatz_Essential" hinzugefügt haben. Wir haben folgende psychometrische Skalen gebildet: AV, PAM, FAG, HPE, IS, ISN, CR, TLI, EEF, EFF, SAT und AE (AE steht für den gesamten Augmentationseffekt).

```
Die Befehlssyntax für unser Beispiel und die Ausgaben von
„R"
> attach(Beispieldatensatz_Essential)
> library(psych)
> auswahl<-data.frame(AV,PAM,FAG,HPE,IS,ISN,CR,TLI,EEF,EFF,SAT,AE)
> options(digits=3)
> d<-describe(auswahl)
> d
…
```

```
> library(psych)
> auswahl<-data.frame(AV,PAM,FAG,HPE,IS,ISN,CR,TLI,EEF,EFF,SAT,AE)
> options(digits=3)
> c<-corr.test(auswahl)
> c
...
> library(psych)
> auswahl<-data.frame(AV,PAM,FAG,HPE,IS,ISN,CR,TLI,EEF,EFF,SAT,AE)
> d<-describe(auswahl)
> c<-corr.test(auswahl)$r
> t<-cbind(M=d$mean,SD=d$sd,c)
> round(t,digits=2)
> t
...
> write.csv2(t, file="Deskriptive Statistiken.csv")
Zur Erklärung:
```

- „*library(psych)*": Wir benötigen für die „describe-Funktion" wie auch für die „corr.test-Funktion" das R-Paket „psych" und rufen dieses auf.
- „*auswahl*": Wir legen einen neuen Data Frame mit der Bezeichnung „auswahl" an.
- „*d<-describe(auswahl)*": Wir ermitteln die Mittelwerte und die Standardabweichungen.
- „*r<-corr.test(auswahl)*": Wir ermitteln die Interkorrelationen zwischen unseren psychometrischen Skalen. Die zweite Tabelle in der Ausgabe beinhaltet die *p*-Werte – für uns von Interesse die p-Werte unterhalb der Diagonalen. Diese *p*-Werte sollten $\le$ .05 sein, ansonsten müssen wir diese als nicht signifikant auf 5 % Niveau berichten – ein festgestellter Zusammenhang ist statistisch nicht relevant.
- „*t<-cbind(M=d$mean,SD=d$sd,c)*": Wir fügen Mittelwerte, Standardabweichungen und Interkorrelationen zu einer Tabelle zusammen.
- „*round(t,digits=2)*": Wir runden in unserer Tabelle auf 2 Stellen hinter dem Komma.
- „*write.csv2(t, file="Deskriptive Statistiken.csv")*": Und zu guter Letzt „hübschen wir unsere Tabelle auf".

Die letzte Tabelle (csv.2) wird – wenn wir nichts weiter unternehmen – automatisch auf dem Rechner unter „Dokumente" als Excel-Datei abgelegt. Die Werte in dieser Tabelle sollten wir noch auf 2 Stellen hinter dem Komma runden, die

Werte-Dopplungen entfernen und die Tabelle nach unseren Vorstellungen gestalten. Dann können wir die Tabelle einfach in unsere Arbeit rüber kopieren und mit Fußnoten darauf hinweisen, welche Korrelationen nicht signifikant sind. Und so sieht unsere Tabelle zum Beispieldatensatz_Essential aus (Tab. 5.1):

Zum Schluss erfolgt noch der Hinweis auf die beiden nicht signifikanten Werte: IS/HPE (−0,01) und SAT/HPE (0,07). Zudem sollten die Werte-Dopplungen entfernt werden.

5.3   Gruppenvergleiche: T- oder Welch- oder Kruskal-Wallis-Test

Mitunter ist es notwendig, die Mittelwerte abhängiger und unabhängiger Stichproben miteinander wie auch die Mittelwerte unserer Stichprobe mit einem bekannten Populationsmittelwert zu vergleichen.

Ein Beispiel für die letztgenannte Möglichkeit: Wir wollen z. B. wissen, ob unsere Polizeistudenten genauso stressstabil sind wie erfahrene Polizeibeamte. Um dies überprüfen zu können müssen wir den Stressmittelwert der erfahrenen Polizeibeamten kennen.

Mittelwerte abhängiger Stichproben: Hier haben wir für die einzelnen Probanden sog. Wertepaare. Bei Längsschnittstudien werden alle Befragungsteilnehmer zumindest zweimal befragt (z. B. Meier-1 und Meier-2) oder bei Wirksamkeitsstudien wird beispielsweise der Blutdruck eines Patienten vor der Einnahme eines Medikaments und danach gemesen (z. B. Meier-ante und Meier-post).

Mittelwerte unabhängiger Stichproben: Hier haben wir eine Gesamtstichprobe nach einem Differenzierungskriterium (unabhängige Variable) in zumindest zwei Teilstichproben geteilt. Der „Klassiker": wir wollen wissen, ob sich Frauen und Männer (also Geschlecht als Differenzierungskriterium) in den Mittelwerten der zu untersuchenden abhängigen Variable unterscheiden.

In diesem Essential gehe ich lediglich auf den Mittelwertvergleich unabhängiger Stichproben ein. Diesen Vergleich werde ich exemplarisch an einem Problem aus unserer modifizierten Originalstudie besprechen (Beispieldatensatz_Essential).

1. Vergleich der Mittelwerte von zwei Teilstichproben
Unser Problem: Wir wollen wissen, ob weibliche Mitarbeiterinnen und männliche Mitarbeiter unterschiedlich zufrieden sind. Aus dem referierten Forschungsstand haben wir die *Übungshypothese 1* hergeleitet: Frauen und Männer unterscheiden sich nicht in ihrer Arbeitszufriedenheit.

Tab.5.1 Ausgabe unter Dokumente auf dem Rechner als Excel-Datei (nach erfolgter Bearbeitung in Excel); n = 244

	M	SD	AV	PAM	FAG	HPE	IS	ISN	CR	TLI	EEF	EFF	SAT	AE
AV	2,59	0,94	1,00											
PAM	2,98	1,16	0,81	1,00										
FAG	3,14	1,06	0,84	0,85	1,00									
HPE	3,04	0,98	0,34	0,21	0,24	1,00								
IS	3,26	1,19	0,66	0,76	0,74	−0,01	1,00							
ISN	2,51	0,92	0,77	0,65	0,70	0,34	0,56	1,00						
CR	3,29	1,22	0,65	0,67	0,68	0,15	0,73	0,55	1,00					
TLI	2,97	0,85	0,91	0,90	0,91	0,39	0,82	0,81	0,81	1,00				
EEF	2,96	1,09	0,75	0,74	0,76	0,23	0,67	0,73	0,65	0,81	1,00			
EFF	3,19	1,07	0,82	0,82	0,81	0,21	0,74	0,67	0,67	0,86	0,81	1,00		
SAT	3,39	1,20	0,76	0,85	0,83	0,07	0,80	0,62	0,66	0,84	0,80	0,86	1,00	
AE	3,18	1,05	0,82	0,85	0,86	0,18	0,79	0,71	0,70	0,89	0,92	0,95	0,95	1,00

Das entsprechende statistische Verfahren hierfür ist der *t*-Test für unabhängige Stichproben (Bortz und Schuster 2010).

Um einen *t*-Test anwenden zu können müssen folgende Voraussetzungen erfüllt sein (Bortz und Schuster 2010):

1. Die abhängige Variable bzw. Skala muss metrisch skaliert sein
2. Die abhängige wie auch die unabhängige Variable müssen normalverteilt sein. Es sei: die Anzahl der Befragungsteilnehmer oder der Probanden ist in beiden Teilstichproben größer als 30 (deswegen auch mein Hinweis beim Umgang von unvollständigen Datensätzen: bei zumindest 100 Datensätzen haben wir regelmäßig in zwei zu vergleichenden Teilstichproben zumindest 30 Datensätze). Normalverteilung kann bei $n \geq 30$ einfach unterstellt werden[5].
3. Die Streuung der abhängigen Variablen muss in beiden Teilstichproben gleich sein (wir bezeichnen diese Voraussetzung als sog. Varianzhomogenität/-gleichheit)

Bei unserem Problem ist die abhängige Skala „SAT" als psychometrische Likert-Skala metrisch geprägt. Unsere beiden Teilstichproben sind größer als 30. Eine Normalverteilung könnte unterstellt werden; gleichwohl werde ich trotzdem die Normalverteilung über einen Kolmogorov-Smirnov-Test zum Nachrechnen exemplarisch durchführen (falls Sie in Ihrer Studie die Minimalanforderung von mindestens 30 Probanden in beiden Teilstichproben nicht erfüllen). Die Varianzhomogenität prüfen wir regelmäßig mit einem Levene-Test.

Unsere Testreihenfolge (Luhmann 2015) sieht dann wie folgt aus:

1. Ermittlung der Stichprobengrößen beider Teilstichproben
2. Überprüfung der Normalverteilung, wenn $n < 30$
3. Überprüfung der Varianzhomogenität
4. Der t-Test bei Varianzhomogenität bzw. der Welch-Test bei Varianzheterogenität
5. Die Ermittlung der Effektgröße (Cohens *d*)

Die Befehlssyntax für unseren gesamten Test und die Ausgaben von „R":

---

[5]Dies ist aufgrund des zentralen Grenzwerttheorems möglich, das besagt, dass sich die Verteilung von Mittelwerten aus Stichproben mit mindestens 30 Probanden tendenziell der Normalverteilung annähert (Döring und Bortz 2016).

a) Ermittlung der Größe der beiden Teilstichproben. Unsere beiden Teilstichproben sind größer als 30. Bildung von Subgruppen und Test auf Normalverteilung wären jetzt nicht mehr notwendig.

```
> attach(Beispieldatensatz_Essential)
> summary(Sex.faktor)
```

```
        weiblich männlich
             108      136
```

b) Bildung der beiden Subgruppen: „männlicheMA" und „weiblicheMA" und die dazugehörigen Tests auf Normalverteilung. Beide Tests sind signifikant, d. h. beide Teilstichproben sind nicht normalverteilt. Wie kommen wir darauf? Der Kolmogorov-Smirnov-Test prüft die Nullhypothese, dass unsere Verteilung einer Normalverteilung entspricht. Aufgrund der gegebenen Signifikanz mit einem p-Wert kleiner .05 müssen wir die Nullhypothese jedoch verwerfen. Stattdessen gilt jetzt die Alternativhypothese einer Nicht-Normalverteilung. Irgendwie misslich, aber für uns kein Problem, da unsere beiden Teilstichproben größer als 30 sind. Somit sind die Ergebnisse der beiden Tests für uns irrelevant. Dies war auch nur eine kleine Übung. Eine letzte Anmerkung: für diesen Test müssen wir das nortest-Paket mit „library" aufrufen.

```
> attach(Beispieldatensatz_Essential)
>                 Beispieldatensatz_Essential.männlicheMA<-
subset(Beispieldatensatz_Essential,        subset      =
Sex.faktor=="männlich")
>                 Beispieldatensatz_Essential.weiblicheMA<-
subset(Beispieldatensatz_Essential,        subset      =
Sex.faktor=="weiblich")
> attach(Beispieldatensatz_Essential.männlicheMA)
> library(nortest)
> View(Beispieldatensatz_Essential.männlicheMA)
> lillie.test(SAT)
Lilliefors (Kolmogorov-Smirnov) normality test
data: SAT
D = 0.10164, p-value = 0.00153
> attach(Beispieldatensatz_Essential.weiblicheMA)
> library(nortest)
```

```
> lillie.test(SAT)
Lilliefors (Kolmogorov-Smirnov) normality test
data: SAT
D = 0.11508, p-value = 0.001266
```

c) Der Levene-Test auf Varianzhomogenität. Auch hier testen wir die Nullhypothese, die von einer Gleichverteilung der Varianzen der abhängigen Variablen innerhalb beider Teilstichproben der unabhängigen Variablen ausgeht. Ein signifikantes Ergebnis würde bedeuten, dass keine Varianzhomogenität vorliegt. Aber unser Ergebnis ist nicht signifikant (im Test angezeigt wird der p-Wert unter **Pr(>F) = 0.7952**, d. h. $p > .05$). Wir können also den normalen t-Test rechnen. Haben wir hingegen ein signifikantes Ergebnis, dann müssen wir den robusteren Welch-Test rechnen. Keine Angst, die Syntax des Welch-Tests ist sogar noch einfacher als beim normalen t-Test: *t.test(SAT~Sex.faktor);* der Zusatz var.equal = TRUE entfällt einfach.

```
> attach(Beispieldatensatz_Essential)
> library(car)
> leveneTest(SAT,Sex.faktor)
```

```
      Levene's Test for Homogeneity of Variance (center = median)
            Df F value Pr(>F)
group    1  0.0675 0.7952
         242
```

d) Berechnung t-Test[6] (oder bei Varianzheterogenität: Welch-Test). Auch hier geht es wieder um den p-Wert und die Nullhypothese, die hier lautet: die beiden Teilstichproben unterscheiden sich nicht in ihren Zufriedenheitswerten.

---

[6]Bei „R" ist das 95 %-Konfidenzintervall (auch als Vertrauensintervall bezeichnet) voreingestellt. D. h.: Unsere Intervallgrenzen umschließen in 95 % der Fälle die wahre durchschnittliche Abweichung vom Zufriedenheitsmittelwert und in 5 % der Fälle nicht. 95 % der Fälle liegen ziemlich dicht an Null (die neutrale Null wird quasi überdeckt) und deuten auf eine nicht eine signifikante Mittelwertdifferenz hin.

```
> t.test(SAT~Sex.faktor,var.equal = TRUE)

  Two Sample t-test

data:  SAT by Sex.faktor
t = 0.10827, df = 242, p-value = 0.9139
alternative hypothesis: true difference in means is not equal to 0
95 percent confidence interval⁸:
 -0.2879621  0.3214588
sample estimates:
mean in group weiblich mean in group männlich
             3.402778               3.386029
```

Aufgrund des hohen p-Wertes können wir die Nullhypothese bei unserem Problem nicht verwerfen. Unsere weiblichen und männlichen Mitarbeiter unterscheiden sich nicht signifikant in ihren mittleren Zufriedenheitswerten. Unsere Übungshypothese 1 ist bestätigt.

2. Vergleich von mehreren Teilstichproben

Unser Problem: Wir wollen wissen, ob die vier Erfahrungsgruppen (Skala: ERF.faktor) bei ihren Vorgesetzten Unterschiede in der „Geistigen Anregung" (Skala: ISN) wahrnehmen. Unsere *Übungshypothese 2*: Die vier Erfahrungsgruppen der Mitarbeiter in der Polizei nehmen die Intensität der geistigen Anregung seitens ihrer Führungskräfte unterschiedlich wahr.

Das statistische Verfahren der ersten Wahl wäre hier die sog. einfaktorielle Varianzanalyse ohne Messwiederholung (ANOVA[7]), weil unsere ISN-Skala metrisch ist. Die einfaktorielle Varianzanalyse ohne Messwiederholung ist nicht nur ähnlich komplex wie der t-Test, sondern hat auch ähnlich anspruchsvolle Voraussetzungen. Deswegen werde ich an dieser Stelle auf einen Test eingehen, der zum einen anspruchslos ist und zum anderen einfach gerechnet werden kann – der Kruskal-Wallis-Test. Seine – bei unserem Problem erfüllten – Voraussetzungen sind:

1. Die abhängige Variable muss zumindest ordinalskaliert sein
2. Die unabhängige Variable muss in mehr als 2 unabhängige Teilstichproben (also Gruppen) aufgeteilt sein

Der Kruskal-Wallis-Test ist somit eine robuste nonparametrische Alternative zur einfaktoriellen Varianzanalyse ohne Messwiederholung mit einem Schönheitsfehler: Eine Signifikanz des Tests bedeutet lediglich, dass sich mindestens ein Paar signifikant unterscheidet; eine generelle Behauptung signifikanter Unterscheidung aller Gruppen (bei uns: aller Erfahrungsgruppen) wäre schwierig.

So wird der Kruskal-Wallis-Test gerechnet:

---

[7]ANOVA = **analysis of variance**.

1. Ermittlung der deskriptiven Statistiken für die einzelnen Gruppen
   Die für unseren Kruskal-Wallis-Test relevanten Mittelwerte ermitteln wir mit der „tapply-Funktion". Mit dieser Syntax wird eine bestimmte statistische Funktion (in unserem Beispiel: „mean") auf eine vorher bestimmte Menge von Variablen (in unserem Beispiel: „ISN" und „ERF.faktor") angewendet (also: apply) und das Ergebnis in Tabellenform ausgeworfen (also: das t in „tapply"). Weiter unten können Sie die Mittelwerte für die einzelnen Gruppen wie auch die Ergebnisse aller folgenden Berechnungen entnehmen. Ja, es sind Mittelwertunterschiede erkennbar. Fraglich ist, ob diese Unterschiede auch statistisch relevant sind.

2. Der Kruskal–Wallis-Test
   Die statistische Relevanz überprüfen wir anhand des p-Wertes, den uns der Kruskal-Wallis-Test auswirft. Ein p-Wert <.05 bedeutet, unsere Mittelwertdifferenzen sind als Ganzes betrachtet signifikant auf 5% Niveau. Wir wissen aber noch nicht, welche Gruppenunterschiede signifikant sind.

3. Multiple Paarvergleiche mittels Bonferroni-Korrektur
   Um herauszufinden, welche Gruppenunterschiede nun signifikant sind führen wir ein sog. Post-hoc-Verfahren durch: den multiplen Paarvergleich mit Bonferroni-Korrektur (incl. einer notwendigen α-Fehler-Adjustierung[8]) auf der Grundlage des Wilcoxon-Tests (die nonparametrische Alternative zum t-Test).

4. Die Ermittlung von Cohen's d (Cohen, 1988)

Cohen's d wird von R nicht mit ausgegeben. Man kann Cohen's d über Eta^2 und f berechnen. Er gibt an, wie stark der gefundene statistisch signifikante Effekt des Kruskal-Wallis-Tests ist. Die Formel für Eta^2:

$$Eta^2 = (Chi^2 - k + 1)/(n - k) \tag{5.1}$$

mit dem Chi^2-Wert aus dem obigen Kruskel-Wallis-Test, der Anzahl Gruppen (k) und der Anzahl der Gesamtbeobachtungen (n). Die Formel für f lautet:

$$f = \sqrt{Eta^2/(1 - Eta^2)} \tag{5.2}$$

---

[8]Von einem α-Fehler reden wir immer dann, wenn eine Nullhypothese fälschlicherweise abgelehnt wird. Wir gehen also von einem statistisch relevanten Mittelwertunterschied aus, obwohl dies tatsächlich nicht der Fall ist. Leider führt ein mehrfaches hintereinander folgendes Testen zu einer sog. α-Fehler-Kumulation (also zu einer Erhöhung der Wahrscheinlichkeit, einen α-Fehler zu begehen), was natürlich korrigiert werden muss. Die konservativste Korrekturmöglichkeit ist die Bonferroni-Korrektur, die uneingeschränkt und ohne Voraussetzungen gerechnet werden kann.

Die Interpretation der f-Werte erfolgt in Anlehnung an Cohen: ab 0.1 = kleiner Effekt; ab 0.25 = mittlerer Effekt; ab 0.40 = großer Effekt. Cohen's d hingegen ist der doppelte f-Wert. Bei der Interpretation von Cohen's d gilt somit ab 0.2 = klein; ab 0.5 = mittel; ab 0.8 = groß. Unser Cohen's d beträgt 0.41 und zeigt somit einen kleinen Effekt an.

Kommen wir zu den Berechnungen zu dem am Anfang formulierten Problem. Die Befehlssyntax für unser Problem und die Ausgaben von „R":

```
> attach(Beispieldatensatz_Essential)
> tapply(ISN,ERF.faktor,mean)


      wenig mittelmäßig     ziemlich         viel
    2.969697    2.511905     2.634146     2.253968

> kruskal.test(ISN~ERF.faktor)


  Kruskal-Wallis rank sum test

data:  ISN by ERF.faktor
Kruskal-Wallis chi-squared = 12.714, df = 3,
p-value = 0.005297


> pairwise.wilcox.test(ISN,ERF.faktor,p.adj="bonferroni")


  Pairwise comparisons using Wilcoxon rank sum test

data:  ISN and ERF.faktor

            wenig mittelmäßig ziemlich
mittelmäßig 0.186 -           -
ziemlich    0.809 1.000       -
viel        0.013 0.640       0.069

P value adjustment method: bonferroni


> eta_squared <- (12.714 - 4 + 1)/(244 - 4)
> eta_squared


[1] 0.040475 [Hinweis: Eta² wird mit 0.04 berichtet]

> sqrt(0.040475/(1-0.040475))


[1] 0.2053834 [Hinweis: f wird mit 0.20 berichtet]

> 2*0.2053834
```

Ausgabe in RStudio:

```
[1] 0.4107668 [Hinweis: Cohen's d wird mit 0.41 berichtet]
```

Ausgabe in RStudio:

[1] 0.4107668 [Hinweis: Cohen's **d** wird mit 0.41 berichtet]

Der Bericht kann wie folgt formuliert werden: Der Kruskal-Wallis-Test zeigt, dass die verschiedenen Erfahrungsgruppen in der Polizei die Intensität geistiger Anregung seitens ihrer Führungskräfte insgesamt unterschiedlich wahrnehmen (*Chi²* = 12.714, *p* = 0.005). Es handelt sich mit einem Cohen's *d*[9] von 0.41 um einen kleinen Effekt. Ein anschließend durchgeführter Post-hoc-Test (Multiple Paarvergleiche mittels Bonferroni-Korrektur) ergab jedoch, nur die Erfahrungsgruppen „viel Erfahrung" und „wenig Erfahrung" unterscheiden sich in ihren Mittelwerten signifikant (*p* = .013). Unsere Übungshypothese 2 konnte lediglich z. T. bestätigt werden.

Sie können die Berechnungen nach dem zweiten Punkt abbrechen sollte unser Kruskal-Wallis-Test nicht signifikant sein.

Beispiel   *Sie haben in Ihrer Thesis getestet,*
ob sich Studenten in Berlin, Hamburg, Köln und München in ihrer Burnoutneigung
*unterscheiden. Ihr Kruskal-Wallis-Test ergab ein **p**= .567. Also berichten Sie kurz*
*und knapp: Der Kruskal-Wallis-Test ist nicht signifikant (**p**=.567). Die vier Gruppen*
unterschieden sich nicht in ihrer Burnoutneigung.

5.4   Korrelationen als Zusammenhangsanalysen

Oft werden die Begriffe Zusammenhang und Abhängigkeit synonym gebraucht. Dies ist verwirrend. Nehmen wir ein Beispiel: Wir haben in unserem Beispieldatensatz_Essential das Alter der Befragungsteilnehmer (Variable „Alter") und den Ausprägungsgrad ihrer Zufriedenheit (Variable „SAT") erhoben. Eine theoretische Begründung dafür, dass Zufriedenheit vom Alter abhängig ist nicht wirklich sinnhaft (also: um zufrieden bzw. unzufrieden zu sein müsste man älter werden). Genauso verhält es mit einer möglichen Aussage, dass das Alter von der Zufriedenheit abhängt (also: um alt zu werden müsste man zufrieden bzw. nicht zufrieden sein). Möglich ist es hingegen zu überprüfen, ob Alter und Zufriedenheit zusammenhängen. Und genau dies wollen wir an dieser Stelle machen: es geht um bloße Zusammenhangsanalysen und nicht um Abhängigkeiten.

Unser Problem: Gibt es einen statistisch relevanten Zusammenhang von Alter und Zufriedenheit? Wir formulieren die **Übungshypothese 3**: Es gibt einen

---

[9]Genereller Hinweis: Es sollte nur ein Wert berichtet werden, da *Eta²*, *f* und Cohen's *d* gegenseitig umgerechnet werden können, wie wir oben gesehen haben. Am gebräuchlichsten ist Cohen's *d*.

Zusammenhang von Alter der Mitarbeiter und ihrer Zufriedenheit. Je älter die Mitarbeiter sind desto zufriedener sind sie.

Es gibt zumindest zwei Möglichkeiten, Zusammenhänge zu berechnen: Die Maß- und die Rangkorrelationsanalyse.

1. Die Maßkorrelationsanalyse

Um eine Maßkorrelationsanalyse (oft als „Produkt-Moment-Korrelation" oder nach einem ihrer „Erfinder[10]" auch „Pearson-Korrelation" bezeichnet) rechnen zu können müssen bestimmte Voraussetzungen erfüllt sein, auf die ich später genauer eingehen werde.

Der Wertebereich geht von − 1 bis 1; also von einem vollständig negativen Zusammenhang (z. B.: je mehr desto weniger) bis zu einem vollständig positiven Zusammenhang (z. B.: je mehr desto mehr). Der Korrelationskoeffizient nach Pearson wird mit r abgekürzt und muss noch auf seine Signifikanz hin überprüft werden (in der Regel auf 5 % Niveau; $p < .05$). Da der Korrelationskoeffizient nach Pearson zugleich ein Maß für die Effektstärke eines Zusammenhanges ist kann er in Anlehnung an Cohen (1992) wie folgt interpretiert werden:

```
r ≥ .10 schwacher Effekt
r ≥ .30 mittlerer Effekt
r ≥ .50 starker Effekt
```

Zu Prüfung der einzelnen Voraussetzungen am Beispiel unseres obigen Problems:

1. Beide Variablen müssen mindestens intervallskaliert sein.
   Unsere beiden Variablen erfüllen diese Voraussetzung, auch wenn unsere Variable „Alter" gruppiert wurde. In die Altersgruppe „2" zum Beispiel wurden alle 21-, 22-, 23-, 24- und 25jährigen aufgenommen; so haben wir es auch in den Altersgruppen „1" bis „9" getan – es wurden immer 5 Jahrgänge aufgenommen. Lediglich in der Altersgruppe „10" sind wir ungenau geworden. Hier müssen es nicht zwingend 5 Jahrgänge gewesen sein, die in unsere Untersuchung eingeflossen sind. D. h.: wer es ganz genau nimmt, müsste ein Intervallskalenniveau verwerfen.

---

[10]Eigentlich geht die Idee zu diesem Verfahren auf den Franzosen Bravais (1811 bis 1863) zurück; Pearson (1857 bis 1936) kommt das Verdienst zu, dieses Verfahren einem breiteren Publikum zugänglich gemacht zu haben (Eckstein 2016).

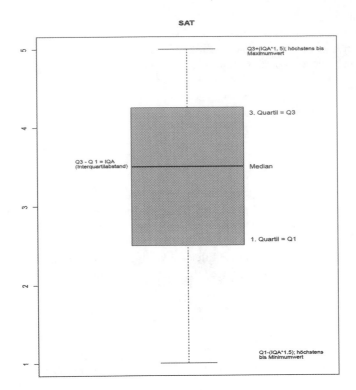

Abb. 5.2 Boxplot zur Überprüfung von Ausreißern

2. Bei beiden Variablen darf es keine bzw. höchstens vereinzelte leichte Ausreißer geben. Dies überprüfen wir mit einem Boxplot[11]. Die Syntax und die Ausgabe in RStudio für die Variable „SAT" mit der Ausfüllfarbe Grün und der Überschrift SAT (s. Abb. 5.2 Boxplot zur Überprüfung von Ausreißern):

```
> attach(Beispieldatensatz_Essential)
```

---

[11] Im Interquartilsabstand befinden ca. 50 % aller Daten. Bis zum 1. Quartil finden wir die unteren 25 % unserer Zufriedenheitswerte; oberhalb des 3. Quartils die oberen 25 %. Anhand der Länge der Whisker (quasi unserer beiden „Antennen" bzw. „Barthaare") haben wir zumindest einen ersten Eindruck von der Streuung um den Median: Sind die Whisker sehr kurz, liegen die äußeren 50 % nicht zu weit vom 1. und 3. Quartil. Gibt es hingegen viele einzelne Datenpunkte außerhalb der Whisker liegt eine starke Streuung vor (hier handelt sich dann um Ausreißer bzw. Extremwerte).

```
> boxplot(SAT, col = „green", main = „SAT")
```

Das gleiche machen wir mit der Variablen „Alter". In beiden Boxplots sind keine Ausreißer zu sehen (dies wären Punkte ober- bzw. unterhalb der Whisker).

3. Es muss sich um einen linearen Zusammenhang handeln. Hierzu fordern wir ein Plot (Streudiagramm) an:

```
> plot(SAT~Alter)
```

Der bei unseren Daten ausgeworfene Plot macht es kaum möglich, einen linearen Zusammenhang zu erkennen. Wichtig ist hier zumindest, dass wir keine (sehr unwissenschaftlich ausgedrückt) „berg- oder tal-förmige" Verteilung erkennen. Dann dürfen wir auf keinem Fall einen Pearson-Korrelationskoeffizienten berechnen.

4. Die beiden Variablen müssen zueinander bivariat normalverteilt[12] sein (bitte nicht verwechseln mit einer univariaten Normalverteilung).

Unsere Stichprobe mit einem einen n = 244 kann als normalverteilt unterstellt werden, da bei n ≥ 30 auch hier das Grenzwerttheorem gilt.
    Wenn wir entschieden haben, dass alle Voraussetzungen zumindest im Groben erfüllt sind rechnen wir den Pearson-Korrelationskoefizienten

```
> cor.test(Alter,SAT)

        Pearson's product-moment correlation
data:  Alter and SAT
t = -1.8898, df = 242, p-value = 0.05999
alternative hypothesis: true correlation is not equal to 0
95 percent confidence interval:
 -0.242504774  0.005071032
sample estimates:
        cor
-0.1205916
```

Unser Zusammenhang ist schwach negativ, aber leider nicht signifikant. Wir berichten somit: Es konnte zwar ein schwacher negativer Zusammenhang von Alter und Zufriedenheit nachgewiesen werden; dieser ist aber nicht signifikant ($r = -.12$, $p = .06$, n = 244).
    Wer aber Bedenken hinsichtlich der Erfüllung der Voraussetzungen hat (auch dies wäre durchaus begründbar) – der rechnet einfach eine Rangkorrelationsanalyse.

---

[12]Von einer bivariaten Verteilung reden wir immer dann, wenn für jeden Wert der einen Variablen die Werte der anderen Variablen normalverteilt sind.

2. Die Rangkorrelationsanalyse

Bei der Rangkorrelationsanalyse werden die Werte der beiden Variablen gereiht, also Rängen zugeordnet.

Beispiel:

Wir wollen den Zusammenhang von „Größe der Läufer" und ihrer „Zeit" im 100-m-Lauf ermitteln. Die Daten lauten:

```
Name des Läufers Größe    Rang  Zeit       Rang
Meyer            1, 70     2    13, 0 s      3
Schulze          1, 75     4    12, 9 s      2
Lehmann          1, 65     1    12, 8 s      1
Müller           1, 72     3    13, 9 s      4
```

Die gebildeten Ränge werden korreliert.

Leider ist auch die Rangkorrelationsanalyse nach Spearman (Spearmans ***rho***, abgekürzt ρ; oft auch: r_s) nicht völlig frei von Voraussetzungen. Die Spearman-Rangkorrelation verlangt die Erfüllung von drei Voraussetzungen:

a) zwei Variablen mit zumindest Ordinalskalenniveau
b) keine bzw. kaum Ausreißer
c) das Nichtvorliegen von Rangbindungen

Auch der Rangkorrelationskoeffizient ρ kann Werte zwischen -1 und 1 annehmen. Ist er kleiner als Null ($\rho < 0$), besteht ein negativer und bei einem Wert grösser als Null ($\rho > 0$) ein positiver Zusammenhang. Bei einem Wert von Null bzw. nahe Null ($\rho = 0$) besteht kein Zusammenhang zwischen den Variablen.

Eine Alternative zum Spearman-***Rho***-Korrelationskoeffizienten stellt der Kendalls-***tau***-b-Koeffizient[13] (mit einem gleichen Wertebereich wie der Spearman-Korrelationskoeffizient; die Abkürzung: τ) dar, der sich beim Vorhandensein von Ausreißern weniger empfindlich zeigt gegenüber Verzerrungen. Auch beim Vorliegen von Rangbindungen sowie bei kleinen Stichproben sollte der Kendalls-***tau***-b-Koeffizient dem Spearman-***Rho***-Korrelationskoeffizienten vorgezogen werden. Was man aber wissen sollte: beim Kendalls-***tau***-b-Koeffizienten werden regelmäßig etwas kleinere Werte als beim Spearman-***Rho***-Korrelationskoeffizienten ausgegeben.

---

[13] Neben Kendalls-***tau*** b gibt es auch noch Kendalls-***tau*** a und c. In R wird Kendalls-***tau***-b berechnet.

Von einer Rangbindung sprechen wir, wenn ein Rang zwei- oder mehrmals belegt ist. Es gibt in der Realität kaum einen Datensatz ohne Rangbindungen. Deswegen sollten höchstens 20 % aller Ränge in jeder der beiden Rangreihen der zu korrelierenden Variablen Bindungen aufweisen (Eckstein, 2016).

Zur Verdeutlichung ein Beispiel:

Wir fordern mit der Syntax „> table(Alter)" die absoluten Häufigkeiten der gruppierten Altersangaben (dies sind zugleich auch unsere Ränge) an und erhalten folgende Ausgabe:

```
> table(Alter)
Alter
 2  3  4  5  6  7  8  9 10
 3 11 18 36 43 44 49 33  7
```

*Wir sehen, es gibt eine Vielzahl von Bindungen. Eigentlich müssten wir von vornherein Kendalls-**tau**-b berechnen.*

Trotzdem werde ich erstmal den Spearman-Korrelationskoeffizienten ρ berechnen, um auf eine Besonderheit von R hinzuweisen:

```
> attach(Beispieldatensatz_Essential)
> cor.test(Alter,SAT, method="spearman")
Spearman's rank correlation rho
data: Alter and SAT
S = 2736425, p-value = 0.04208
alternative hypothesis: true rho is not equal to 0
sample estimates:
     rho
-0.1302451
```

```
Warnmeldung:
In cor.test.default(Alter, SAT, method = "spearman") :
  Kann exakten p-Wert bei Bindungen nicht berechnen
```

Wir sehen am Ende der Ausgabe eine Warnmeldung. R weist auf Rangbindungen bei zumindest einer unserer beiden Variablen hin; Berechnungen sind zwar möglich, aber eben nicht genau. In einem solchen Fall empfiehlt sich – wie oben schon ausgeführt - ein Ausweichen auf den weniger bekannten Koeffizienten Kendalls-*tau*-b. Die Syntax ist schlicht – „*spearman*" ersetzen wir einfach durch „*kendall*".

```
> attach(Beispieldatensatz_Essential)
> cor.test(Alter,SAT, method="kendall")

   Kendall's rank correlation tau

data:  Alter and SAT
z = -1.9183, p-value = 0.05508
alternative hypothesis: true tau is not equal to 0
sample estimates:
       tau
-0.09113348
```

Wir sehen einen sehr schwach ausgeprägten negativen nicht signifikanten Zusammenhang. So etwas mag frustrieren, kann aber interpretiert werden. Gerade solche Interpretationen eröffnen uns Chancen zu einer theoretischen Rückkopplung, die für einen Leser einer solchen Studie nicht nur von Interesse sein kann, sondern auch zu einem Erkenntnisgewinn führt. Auch deswegen ist es so wichtig, eigenes methodisches Vorgehen möglichst ausführlich in einer Graduierungsarbeit zu erörtern. Letztendlich müssen wir unsere Übungshypothese 3 verwerfen.

5.5   Bivariate und hierarchische Regressionen

Bei einer linearen Regression geht es darum zu prüfen, inwieweit unabhängige Variablen (die Prädiktoren; die X-Werte) abhängige Variablen (die Kriterien; die Y-Werte) beeinflussen bzw. inwieweit Variablen (die Y-Werte) von anderen Variablen (den X-Werten) abhängen. Die passende Formel für eine bivariate Regression lautet:

$$Y = B_0 + B_1 * X + \varepsilon \tag{5.3}$$

B_0: An dieser Stelle ist der X-Wert $= 0$. Es ist also der Punkt an der der Funktionsgraph unsere Y-Achse schneidet. Diese Regressionskonstante ist ein lediglich theoretischer Wert, der sich einer weitergehenden sachlogischen Interpretation entzieht (ein Beispiel: wir wollen die Wirkung von Führungsverhalten – X-Achse – auf die Zufriedenheit der Mitarbeiter – Y-Achse – ermitteln; der Wert $X = 0$ würde quasi ein Nichtverhalten unterstellen, welches aber nicht vorstellbar ist). Hierzu werden regelmäßig auch keine Hypothesen formuliert.

B_1: Dies ist der sog. Regressionskoeffizient, der uns sagt, welche Veränderung wir in Y erwarten, wenn X um eine Einheit erhöht wird. Er ist vergleichbar mit dem Steigungswert m in einer linearen Funktion $y = f(x) = mx + n$. Sein Wertebereich geht von $-\infty$ und $+\infty$. Mitunter kann es notwendig sein, mehrere Regressionskoeffizienten zu vergleichen. Hier bietet sich eine Standardisierung an. Wir haben es dann nicht mehr mit echten Werten, sondern mit sog. standardisierten Werten zu tun. Die neuen Werte nennen wir β und meinen damit die Anzahl der Standardabweichungen, um die sich Y (also die abhängige Variable) verändert, wenn wir X (also die unabhängige Variable) um eine Standardabweichung erhöhen. Die Regressionskonstante (B_0) ist dann sehr klein, fast Null (was auch der eigentliche Grund ist: die für einen Vergleich eher hinderliche Regressionskonstante zu eliminieren). β – Werte bewegen sich regelmäßig im Bereich -1 bis $+1$; können aber auch darüber hinausgehen, was dann aber auf ein mögliches Multikollinearitätsproblem hinweist (dazu später mehr).

ε: Residuen. Bei Residuen handelt es sich um nicht erklärbare Reste; oft auch als Fehlerterme bezeichnet. In der Realität (wir prüfen oft Wertungen über Verhalten) gibt es leider keine eindeutige Abhängigkeit zwischen Y und X. Immer wieder treten Störgrößen auf, die wir statistisch nicht einfangen können (z. B. Erfassungs- und Messungenauigkeiten bzw. Verständnisungenauigkeiten von Befragungsteilnehmern). Dieser statistische Rest wird auf unsere Regressionsgleichung einfach aufaddiert.

1. Die einfache bivariate Regression
Unterstellen wir als *Übungshypothese 4:* „Bedingte Belohnung (CR) hat einen Einfluss auf die Zufriedenheit von Mitarbeitern (SAT)". Zur Überprüfung dieser Übungshypothese bietet sich eine lineare Regressionsanalyse an. Hierzu sollten die beiden Variablen zumindest intervallskaliert und ein linearer Zusammenhang nicht unwahrscheinlich sein. Bei unseren beiden Variablen (CR und SAT) handelt es sich um psychometrische Skalen, die als intervallskaliert gelten. Unser Streudiagramm – angefordert in RStudio mit: *plot(SAT~CR)* – deutet relativ gut erkennbar auf einen positiven linearen Zusammenhang hin. Wir rechnen jetzt:

```
> attach(Beispieldatensatz_Essential)
> Übung.reg<-lm(SAT~CR)
> summary(Übung.reg)

Call:
lm(formula = SAT ~ CR)

Residuals:
    Min      1Q  Median      3Q     Max
-3.5011 -0.6522  0.1385  0.6311  2.5867

Coefficients:
            Estimate Std. Error t value Pr(>|t|)
(Intercept)  1.26638    0.16728   7.571 7.79e-13 ***
CR           0.64693    0.04773  13.555  < 2e-16 ***
---
Signif. codes:
0 '***' 0.001 '**' 0.01 '*' 0.05 '.' 0.1 ' ' 1

Residual standard error: 0.9049 on 242 degrees of freedom
Multiple R-squared:  0.4316,    Adjusted R-squared:  0.4292
F-statistic: 183.7 on 1 and 242 DF,  p-value: < 2.2e-16
```

Zur Erklärung:

- Eine bivariate Regression fordern wir mit *„lm(abhängige Variable ~ unabhängige Variable)"* an. Die Abkürzung „lm" steht für „linear models".

- Die *„summary"*-Funktion bietet uns die Möglichkeit, relativ einfach einen Überblick über die Verteilung der Residuen, den Determinationskoeffizienten R^2 und den p-Wert zu bekommen. Dazu ist es aber erforderlich, einen neuen Data Frame anzulegen. Ich habe diesen neuen Data Frame mit „Übung.reg" bezeichnet.

- Unter *„Residuals"* finden wir eine solide 5-Punkte-Zusammenfassung zur Verteilung unserer Residuen: den Mindestwert, den Werten für die 1. und 3. Quartile wie auch den Medianwert (2. Quartil). Abgeschlossen wird die Zusammenfassung mit dem Maximumwert. Wir sehen, dass die mittleren 50 % der Residuen zwischen −0.65 und 0.63 liegen und weitgehend symmetrisch sind.

- *„Estimate"* sind die nicht standardisierten Regressionskoeffizienten des Achsenabschnittes und unserer eigentlichen Regression (SAT ~ CR). Unter *„Pr(>|t|)"* werden die p-Werte ausgeworfen, die uns angeben, ob unsere Nullhypothese (also es gibt keine Abhängigkeit zwischen meinen beiden Variablen) zutrifft. Bei einem p ≤ .05 können wir die Nullhypothese ruhigen Gewissens verwerfen; es gilt dann die Alternativhypothese. Der Wert für unsere eigentliche Regression lautet < 2e-16[14]. Es gilt somit die Alternativhypothese. Übrigens: den gleichen Wert finden wir bei einer bivariaten linearen Regression nochmals unter *„p-value".*

---

[14] Hier handelt es sich um die sog. wissenschaftliche Notation. Ein p-Wert von 2e-16 bedeutet 2×10^{-16}.

- *„Residual standard error":* die geschätzte Standardabweichung der Residuen. Hier gilt die Regel, je kleiner desto besser. Unser Wert ist mit 0,9049 relativ klein.

- *„Adjusted R-squared*[15]*":* Der Determinationskoeffizient R^2 (oft auch als Bestimmtheitsmaß bezeichnet) sagt uns, welcher Anteil der Gesamtstreuung der abhängigen Variablen durch die unabhängige Variable erklärt werden kann. Der Wertebereich liegt zwischen 0 und 1; 0 bedeutet, dass das Modell nichts erklären kann und 1, dass unser Regressionsmodell die beobachteten Werte perfekt vorhersagt. Um später zu berichten, multiplizieren wir unseren R^2 – Wert mit 100 und erhalten Prozentangaben: 0.4292; gerundet $= 0.43 \times 100 = 43\,\%$. Den R^2-Wert können wir zudem auch noch in die Effektstärke f nach Cohen umrechnen – die Syntax für R lautet *„sqrt(R^2/(1-R^2))"*. Die Interpretation ist die gleiche wie oben schon ausgeführt (Cohen, 1988): ab .10 = schwacher Effekt, ab .25 mittlerer Effekt und ab .50 starker Effekt. Unsere Effektstärke können wir somit wie folgt berechnen:

```
> sqrt(0.43/(1-0.43))
[1] 0.868554
```

Wir berichten schlussendlich: Die bedingte Belohnung (CR) erklärt 43 % der Varianz unserer Mitarbeiterzufriedenheit (SAT). Der festgestellte Effekt ist relativ stark und hochsignifikant mit $p < .001$. Unsere Übungshypothese 4 ist bestätigt.

Die grafische Darstellung der Regression fordern wir mit folgender Syntax an (s. Abb. 5.3 Streudiagramm mit Regressionsgeraden):

```
> attach(Beispieldatensatz_Essential)
> plot(SAT~CR)
> abline(lm(SAT~CR))
```

2. Die hierarchische Regression

Wie bei der bivariaten Regression müssen unsere Variablen auch hier zumindest intervallskaliert und ein linearer Zusammenhang nicht vollends unwahrscheinlich sein. Darüber hinaus prüfen wir im Anschluss unserer hierarchischen Regression folgende Modellannahmen:

---

[15] Wir nehmen den korrigierten Determinationskoeffizienten, weil der Determinationskoeffizient von der Anzahl der unabhängigen Variablen beeinflusst wird. Bei einer multiplen linearen Regression steigen diese Werte mit der Anzahl der unabhängigen Variablen. Diesem misslichen Umstand begegnet unsere Software mit einer Korrektur nach unten.

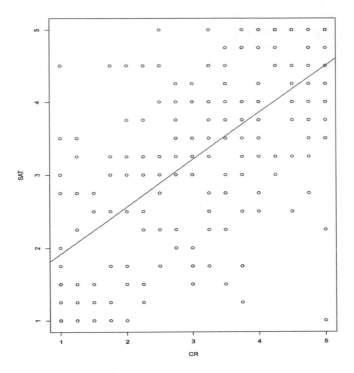

Abb. 5.3 Streudiagramm mit Regressionsgeraden

1. Die korrekte Spezifikation des Modells
2. Die Normalverteilung der Residuen
3. Die Gleichmäßigkeit der Streuung der Varianzen der Residuen (Homoskedastizität)
4. Das Nicht-Vorhandensein von einflussreichen Ausreißern
5. Eine möglichst geringe Multikollinearität zwischen den Prädiktoren

Unsere *Übungshypothese 5* lautet: „Die Wirkung bedingter Belohnung (CR) wird durch transformationales Führungsverhalten verstärkt (sog. Augmentationseffekt)".
Auch hier testen wir entgegen unserer Annahme: unsere Nullhypothese wäre dann, dass eine Verstärkung nicht nachweisbar ist. Die Syntax in RStudio und die Ausgabe:

```
> attach(Beispieldatensatz_Essential)
> red.model<-lm(SAT~CR)
> summary(red.model)$r.squared
[1] 0.4315588

> voll.model<-lm(SAT~CR+AV+PAM+FAG+HPE+IS+ISN)
> summary(voll.model)$r.squared
[1] 0.8073708

> summary(voll.model)$r.squared-summary(red.model)$r.squared
[1] 0.375812

> anova(red.model,voll.model)

Analysis of Variance Table

Model 1: SAT ~ CR
Model 2: SAT ~ CR + AV + PAM + FAG + HPE + IS + ISN
  Res.Df    RSS Df Sum of Sq      F    Pr(>F)
1    242 198.161
2    236  67.151  6    131.01 76.738 < 2.2e-16 ***
---
Signif. codes:
0 '***' 0.001 '**' 0.01 '*' 0.05 '.' 0.1 ' ' 1
```

Die Erklärung der Syntax und der Ausgaben:

- Wir bilden zuerst ein sog. reduziertes Regressionsmodell mit CR als unabhängiger Variablen und SAT als abhängige Variable: *„red.model<-lm(SAT~CR)"*. Den Determinationskoeffizienten R^2 fordern wir mit *„summary(red.model)$r.squared"* an. Unser reduziertes Modell erklärt ca. 43 % der Varianz.

- Dann folgt die Aufnahme der erhofften „Verstärkungsvariablen" in einem sog. vollständigen Modell mit *„voll.model<-lm(SAT~CR+AV+PAM+FAG+HPE+IS+ISN)"* und die Ermittlung des Determinationskoeffizienten R^2 mit *„summary(voll.model)$r.squared"*. Unser vollständiges Modell erklärt ca. 81 % der Varianz der abhängigen Variablen.

- Mit *„summary(voll.model)$r.squared-summary(red.model)$r.squared"* ermitteln wir die Differenz (also den erhofften Zuwachs). Der Zuwachs beträgt gegenüber dem reduzierten Modell ca. 38 %.

- Der letzte Schritt: wir fordern mit der *„anova-Funktion"* einen F-Test an, um die Signifikanz des Zuwachses von R^2 zu testen. Wir müssen nachweisen, dass unser Zuwachs nicht zufällig zustande gekommen ist. Unser p-Wert beträgt $< 2.2e-16$. Unser Zuwachs ist nicht nur erheblich, sondern auch hochsignifikant.

Wir können unsere Übungshypothese 5 bestätigen und berichten: Das vollständige Modell erklärt hochsignifikant mehr Varianz als das reduzierte Modell. Der Zuwachs an Aufklärung beträgt ca. 38 %. Die Wirkung von bedingter Belohnung als ökonomischer Tausch erfährt eine Verstärkung durch die wahrgenommene transformationale Führung als vordergründig sozialen Tausch. Der Augmentationseffekt ist in unserem Untersuchungskollektiv bestätigt.

Zum Schluss prüfen wir, inwieweit unsere Regressionsanalyse die oben aufgeführten Annahmen erfüllt (Luhmann 2015):

1. **Prüfung, ob eine korrekte Spezifikation des Modells vorliegt**
   Enthält das Modell alle relevanten und keine überflüssigen Prädiktoren? Eine korrekte Spezifikation kann immer dann angenommen werden, wenn die Werte möglichst unsystematisch verteilt sind und die eingezeichnete Linie möglichst parallel zur x-Achse verläuft. Unsere Verteilung ist weitgehend unsystematisch; unsere „Kontrolllinie" fast parallel zur x-Achse. Unser Modell ist aber weitgehend korrekt spezifiziert (Abb. 5.4).

2. **Prüfung, ob die Residuen normalverteilt sind**

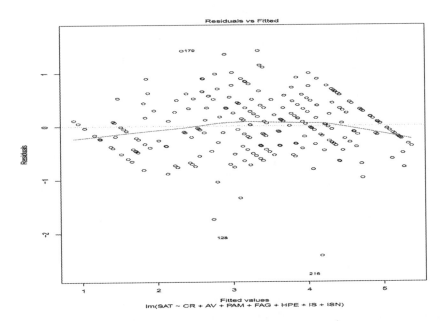

Abb. 5.4   Residuals vs. Fitted-Diagramm

Sind die Residuen normalverteilt, also kommen mittlere Residuen häufiger vor als sehr kleine und sehr große Residuen? In einem Normal-Q-Q-Plot kann man sehen, ob die Residuen normalverteilt sind. Auf der x-Achse werden die Quantile abgetragen, die man erwarten würde, wenn Normalverteilung gegeben ist. Auf der y-Achse werden die tatsächlich beobachteten Quantile abgetragen (Abb. 5.5). Von einer Normalverteilung gehen wir immer dann aus, wenn die Punkte nahe an der Gerade liegen und keinen – salopp gesagt – „Bauch haben". Die Residuen in unserem Modell sind tendenziell (aber nicht vollends) normal verteilt.

3. **Prüfung, ob Homoskedastizität vorliegt**
Ist die Varianz der Residuen über alle Ausprägungen der Prädiktoren hinweg gleich? Homoskedastizität ist dann gegeben, wenn die Residuen unsystematisch im Diagramm verteilt sind. Bei unserem Modell kann aufgrund der mangelnden Systematik Homoskedastizität bejaht werden (Abb5..5.6).

4. **Prüfung, ob Ausreißer mit einem starken Einfluss auf die Regression vorliegen**

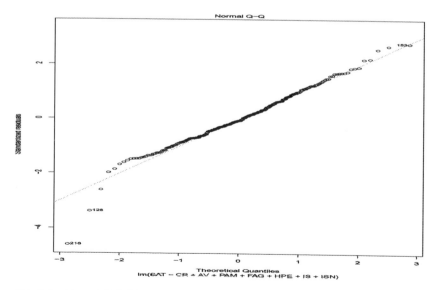

Abb. 5.5   Normal-Q-Q-Plot

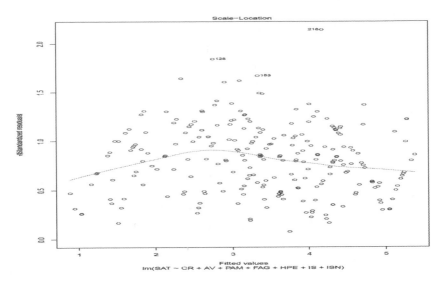

Abb. 5.6 Scale-Location-Diagramm

Auf der X-Achse sehen wir die Hebelwerte (Leverage) als Abweichung einzelner Werte auf den unabhängigen Variablen. Je größer die Hebelwerte desto stärker die Abweichung. Solche Ausreißer sind jedoch erst dann problematisch, wenn sie sich nicht regressionskonform verhalten. Sie sollten nicht zu sehr von den durch die Regression vorhergesagten Werten abweichen. Diese Abweichungen sind auf der Y-Achse in Form standardisierter Residuen abgetragen (Abb. 5.7). Die drei extremen Werte ergeben sich aus den Datensätzen 67, 128, 153. Selbst diese Werte liegen aber nicht jenseits der gestrichelten Linie (Cook's Distance).

5. **Prüfung, ob die Prädiktoren untereinander nur gering korrelieren.**
    Die Prädiktoren (die unabhängigen Variablen) sollen möglichst stark mit dem Kriterium (der abhängigen Variablen) korrelieren, aber nicht zu sehr untereinander. Sollten sie untereinander zu stark korrelieren, stellt sich die Frage, ob sie nicht alle dasselbe messen und wenn sie alle dasselbe messen, warum wir dann so viele benötigen. Eine solche missliche multiple Korrelation eines Prädiktors mit allen anderen nennen wir Multikollinearität. Über den VIF-Wert können wir das Ausmaß an Multikollinearität bestimmen. VIF steht für Variance Inflation Factor. Sein Wertebereich liegt zwischen 1 und unendlich und sollte möglichst

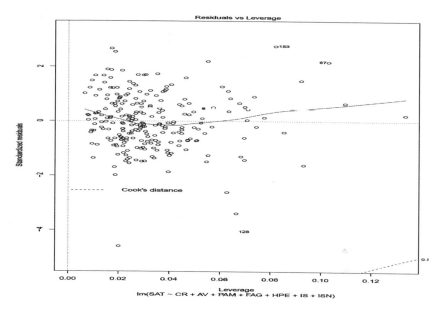

Abb. 5.7 Residual vs. Leverage-Diagramm

nicht größer als 10 sein. Zur Berechnung des VIF-Wertes benötigen wir das car-Paket, welches wir mit *„library"* anfordern. Unsere VIF-Werte sind alle kleiner als 10.

Die passende Syntax und die Ausgaben:

```
> attach(Beispieldatensatz_Essential)
> voll.model<-lm(SAT~CR+AV+PAM+FAG+HPE+IS+ISN)
> summary(voll.model)$r.squared
[1] 0.8073708
> par(mfrow=c(1,1))
> plot(voll.model)
Drücke Eingabetaste für den nächsten Plot:[Hier folgt die
Abbildung eines Residuals vs. Fitted-Diagramms]
Drücke Eingabetaste für den nächsten Plot:[Hier folgt die
Abbildung eines Normal-Q-Q-Plots]
```

```
Drücke Eingabetaste für den nächsten Plot:[Hier folgt die
Abbildung eines Scale-Location-Diagramms]
Drücke Eingabetaste für den nächsten Plot:[Hier folgt die
Abbildung eines Residual vs. Leverage-Diagramms]
> library(car)
Lade nötiges Paket: carData [„R" lädt selbstständig das pas-
sende „Arbeitswerkzeug"; Sie können aber auch gleich „carData"
aufrufen – mitunter korrigiert „R"]
> vif(voll.model)
    CR    AV    PAM    FAG    HPE    IS
2.442900 5.180934 4.674820 5.069303 1.316093 3.483446
    ISN
2.615446
```

Erklärungen:

- Zuerst fordern wir den Determinationskoeffizienten R^2 unseres vollständigen Modells an.
- Mit *„par(mfrow=c(1,1))*[16]*"* und *„plot(voll.model)"* generieren wir die Diagramme, die wir zur Prüfung der ersten vier Annahmen benötigen. Unsere Angabe *„c(1,1)"* bedeutet, dass uns „R" pro Tastendruck lediglich ein Diagramm auswerfen soll. Die Syntax *„plot(voll.model)"* erkennt „R" als Aufforderung, uns die notwendigen Residuenplots zur Verfügung zu stellen.
- Zur Ermittlung der VIF-Werte benötigen wir das car-Paket. Die Werte selber fordern wir mit *„vif(voll.model)"* an.

---

[16]mfrow = multiframe row; c(a, b) = die Anzahl der auszuwerfenden Diagramme pro Zeile (a) und Spalte (b).

Kurze Zusammenfassung und letzte Tipps

6

Ich weiß, Statistiklehrbücher sind immer eine Herausforderung. Bestseller werden anders geschrieben. Sie sollten sich aber trotzdem die Mühe machen, die unter Punkt 5 gerechneten Beispiele zu wiederholen. Kopieren Sie die Syntax aus diesem Essential in Ihr RStudio und schauen Sie, was passiert. Nicht alles wird sich sofort erschließen. Aber wozu gibt es Google und YouTube? Im Internet finden Sie viele Anregungen und auch Hilfen. Es mag mitunter verpönt sein, mit solchen „Krücken" zu laufen; aber jedes Vorankommen ist besser als ein Stehenbleiben und das Wiederholen der immer gleichen Fehler. Trotzdem: bleiben Sie kritisch.

Zum Abschluss noch einige Hinweise:

1. Es gibt sog. „Mainstream-Themen". Meiden Sie solche Themen. Seien Sie kreativ bei der Themenwahl und geben Sie Ihrer Neugier eine Chance. Oft sind es einfache Fragen im Seminar auf die der Professor/die Professorin auch keine Antwort weiß und achselzuckend andeutet, dass die bisher vorliegenden Befunde „arg dünn" sind. Finden Sie nicht auch, dass es an der Zeit wäre, diese „dünnen Befunde zu verbreitern"?
2. Bevor Sie ein Thema vorschlagen denken Sie darüber nach, ob Sie hinreichenden Feldzugang haben? Wen wollen Sie befragen? Welches Experiment wollen Sie mit wem durchführen? Wie kommen Sie an die Probanden ran? Im Falle einer Übersichtsarbeit (einer Meta-Analyse): welche Studien liegen vor?

Elektronisches Zusatzmaterial Die elektronische Version dieses Kapitels enthält Zusatzmaterial, das berechtigten Benutzern zur Verfügung steht. https://doi.org/10.1007/978-3-658-33647-9_6

K.-H. Fittkau, *Statistik mit „R" für Nicht-Mathematiker*, essentials, https://doi.org/10.1007/978-3-658-33647-9_6

Sind die Ergebnisse auch vergleichbar – schauen Sie sich die angewandten Methoden an.

3. Wenn Sie einem Hochschullehrer/einer Hochschullehrerin die Betreuung „schmackhaft" machen wollen: Schicken Sie zusammen mit der ersten Mail (der Anfrage) als Anhang ein Exposé mit. Hierbei handelt es sich um eine grobe – und sehr kurze – Vorwegnahme der angedachten Thesis mit Ihrem Forschungsproblem bzw. Ihrer vorläufigen Forschungsfrage, mit 2–3 Veröffentlichungen zu Ihrem Thema (z. B. Fachartikel oder themenbezogene ältere Studien) und der von Ihnen angedachten Untersuchungsmethode. Es ist wie bei einer guten Ouvertüre zu einer Oper. Man bekommt als Hörer ein Gefühl dafür, was einen erwartet. Und so sollte es auch bei einem Exposé sein: Der Hochschullehrer kann zumindest grob einschätzen, was ihn erwartet. Exposés sind quasi Ihre Visitenkarte – der erste Eindruck!

4. Nach der Datenerhebung und vor dem Rechnen empfehle ich Ihnen eine Plausibilitätsprüfung Ihres Datensatzes. Die Mathematik ist nicht schuld an Ihren Daten; sie verknüpft ohne Emotionen nach vorgegebenen Regeln. Deswegen: prüfen Sie bevor Sie rechnen. So kann beispielsweise die Dauer der Zugehörigkeit zu einem Unternehmen nicht größer sein als das Lebensalter. Sicherlich, solche Bedingungen kann man vorher festlegen und Ihre Software sortiert falsche Datensätze vor dem Rechnen aus. Mitunter ist es aber schwierig, Plausibilitätsanforderungen mathematisch zu unterlegen. Uns bleibt dann also nichts weiter übrig als nachzuschauen.

5. Wenn Sie irgendwo etwas gelesen haben oder Sie einen fremden Gedanken in Ihre Thesis einbauen: erheben Sie bitte umgehend alle Angaben, die Sie für das Literaturverzeichnis benötigen. Ansonsten müssen Sie nach der Fertigstellung Ihrer Thesis die notwendigen Angaben zusammensuchen. So etwas ist sehr mühselig und kann schnell frustrieren.

Und jetzt bleibt mir nur noch, Ihnen viel Erfolg bei Ihrer Thesis zu wünschen. Seien Sie neugierig und ergebnisoffen. Das Schreiben einer Thesis kann auch Spaß machen.

Soziodemografische Angaben

Sex Geschlecht: weiblich = 1, männlich = 2, divers = 3

Alter Lebensalter: $16-20 = 1$, $21-25 = 2$, $26-30 = 3$, $31-35 = 4$, $36-40 = 5$, $41-45 = 6$, $46-50 = 7$, $51-55 = 8$, $56-60 = 9$, ab $60 = 10$

DA Dienstalter: $1-5 = 1$, $6-10 = 2$, $11-15 = 3$, $16-20 = 4$, $21-25 = 5$, $26-30 = 6$, $31-35 = 7$, $36-40 = 8$, $41-45 = 9$, ab $46 = 10$

ERF Erfahrungsgruppen: wenig = 1 (Dienstalter: bis 10 Dienstjahre), mittelmäßig = 2 (Dienstalter: ab 11 Dienstjahre bis 20 Dienstjahre), ziemlich = 3 (Dienstalter: ab 21 Dienstjahre bis 30 Dienstjahre), viel = 4 (Dienstalter: ab 31 Dienstjahre)

SEXFK Geschlecht der unmittelbaren Führungskraft: weiblich = 1, männlich = 2, divers = 3

Führungsverhalten

Die verwendeten Items haben die wahrgenommene Häufigkeit eines bestimmten Führungsverhaltens abgefragt: 1 = nie, 5 = immer, die Zwischenstufen 2, 3 und 4 wurden nicht bezeichnet.

Elektronisches Zusatzmaterial Die elektronische Version dieses Kapitels enthält Zusatzmaterial, das berechtigten Benutzern zur Verfügung steht. https://doi.org/10.1007/978-3-658-33647-9_7

Skalen		Itemanzahl
AV	Visionen aufzeigen	5
PAM	Vorbild sein	3
FAG	Gruppenziele fördern	4
HPE	Hohe Leistungserwartung	3
IS	Individuelle Unterstützung	4
ISN	Geistige Anregung	3
CR	Bedingte Belohnung	4

Meine mir unmittelbar vorgesetzte Führungskraft …

AV1	…ist ständig auf der Suche nach neuen Möglichkeiten für das Kommissariat
AV2	…zeichnet ein interessantes Bild der Zukunft unseres Kommissariats
AV3	…hat ein klares Verständnis dafür, wo sich unser Kommissariat hinbewegt
AV4	…inspiriert durch Pläne für die Zukunft
AV5	…schafft es, andere an seine/ihre Zukunftsträume zu binden
PAM1	…führt eher durch „Taten", denn durch „Anweisungen"
PAM2	…ist ein gutes Vorbild, dem man leicht folgen kann
PAM3	…führt durch beispielhaftes Verhalten
FAG1	…pflegt die Zusammenarbeit unter Kommissariaten
FAG2	…ermutigt mich dazu, „team player" zu sein, d. h. gruppenorientiert zu arbeiten
FAG3	…bringt das Kommissariat dazu, gemeinsam für ein Ziel zu arbeiten
FAG4	…entwickelt ein Wir-Gefühl und Teamgeist bei den Mitarbeitenden
HPE1	…zeigt offen, dass er/sie viel von uns erwartet
HPE2	…besteht auf Höchstleistungen
HPE3	…gibt sich nicht mit dem Zweitbesten zufrieden
IS1	…beachtet meine Gefühle bei seinem/ihrem Handeln
IS2	…zeigt Respekt für meine persönlichen Gefühle
IS3	…handelt auf eine Art und Weise, die meine persönlichen Gefühle berücksichtigt
IS4	…nimmt bei seinem/ihrem Umgang mit mir Rücksicht auf meine Gefühle
ISN1	…zeigt mir neue Wege, an Dinge heranzugehen, die für mich unverständlich sind
ISN2	…hat Ideen, die mich dazu gebracht haben, einige meiner eigenen Gedanken zu überdenken

ISN3   …regt mich dazu an, alte Probleme auf neue Art und Weise zu bedenken
CR1   …gibt mir positive Rückmeldung, wenn ich gute Leistungen erbringe
CR2   …erkennt meine gute Leistung an
CR3   …lobt mich, wenn meine Arbeit besser ist als das Mittelmaß
CR4   …beglückwünscht mich persönlich, wenn ich herausragende Arbeit leiste

Führungserfolg

Die verwendeten Items haben die wahrgenommene Intensität des Führungserfolgs gemessen: 1 = trifft nicht zu, 5 = trifft zu, die Zwischenstufen 2, 3 und 4 wurden nicht bezeichnet.

Skalen		Itemanzahl
EEF	Zusätzliche Anstrengungsbereitschaft *(extra effort)*	4
EFF	Effektivität der Führung *(effectiveness)*	4
SAT	Zufriedenheit der Mitarbeiter *(satisfaction)*	4

Meine mir unmittelbar vorgesetzte Führungskraft…

EEF1   …spornt mich an, erfolgreich zu sein
EEF2   …erhöht meine Bereitschaft, mich stärker anzustrengen
EEF3   …bringt mich dazu, mehr zu schaffen als ich ursprünglich erwartet habe
EEF4   …bringt mich dazu, freiwillig einen Kollegen/einer Kollegin zu helfen
EFF1   …kann meine Interessen gut bei höheren Vorgesetzten vertreten
EFF2   …setzt sich effektiv für meine beruflichen Bedürfnisse und Interessen ein
EFF3   …kann das Kommissariat effektiv führen
EFF4   …setzt sich effektiv für die Belange des Kommissariats ein
SAT1   …gestaltet die Zusammenarbeit im Team so, dass ich gerne dort arbeite
SAT2   …sorgt durch sein/ihr Führungsverhalten für Zufriedenheit mit der Arbeit
SAT3   …legt ein zufriedenstellendes Führungsverhalten an den Tag
SAT4   …pflegt einen für mich angenehmen persönlichen Umgang

Was Sie aus diesem *essential* mitnehmen können

- „R" ist einfacher als man denkt; auch Laien können damit arbeiten
- Wissenschaft ist wie Kochen: man muss sich an Rezepte halten, wenn es schmecken soll
- Eine quantitativ-empirische Arbeit ist sehr standardisiert und folgt einer formalen Logik
- Eine korrekte repräsentative Stichprobenziehung ist nur unter erheblichen Aufwand möglich – sie ist oft auch nicht notwendig und sollte auch nicht leichtfertig behauptet werden; denken Sie an die Selbstselektionsbias
- Für jedes Problem gibt es ein Verfahren zur Lösung – Sie können Gruppen vergleichen, Zusammenhänge berechnen und Abhängigkeiten bestimmen
- Sie kennen die wesentlichen Voraussetzungen für die gebräuchlichsten Verfahren und können diese überprüfen

© Der/die Herausgeber bzw. der/die Autor(en), exklusiv lizenziert durch Springer Fachmedien Wiesbaden GmbH, ein Teil von Springer Nature 2021
K.-H. Fittkau, *Statistik mit „R" für Nicht-Mathematiker,* essentials,
https://doi.org/10.1007/978-3-658-33647-9

Literatur

Berger-Grabner, D. (2016). *Wissenschaftliches Arbeiten in den Wirtschafts- und Sozialwissenschaften. Hilfreiche Tipps und praktische Beispiele.* Wiesbaden: Springer.

Bortz, J., & Schuster, C. (2010). *Statistik für Human- und Sozialwissenschaftler.* Berlin Heidelberg: Springer.

Bryson, M. (1976). The Literary Digest Poll: Making of a Statistical Myth. . *The American Statistician*, S. 184–185.

Cohen, J. (1988). *Statistical Power Analysis for the Behavioral Sciences.* New York: Lawrence Erlbaum Associates.

Cohen, J. (1992). A Power Primer. Quantitative Methods in Psychology. *Psychological Bulletin, 112*(1), S. 155–159.

Döring, N., & Bortz, J. (2016). *Forschungsmethoden und Evaluation in den Human- und Sozialwissenschaften.* Wiesbaden: Springer.

Eckstein, P. (2016). *Angewandte Statistik mit SPSS. Praktische Einführung für Wirtschaftswissenschaftler.* Wiesbaden: Springer Gabler.

Faulbaum, F. (2019). *Methodische Grundlagen der Umfrageforschung.* Wiesbaden: Springer.

Fox, J., Weisberg, S., & Price, B. (2019). *Car: Companion to Applied Regression. Version: 3.0-10.*

Gross, J., & Ligges, U. (2015). *nortest: Tests for Normality. Five omnibus tests for testing the composite hypothesis of normality. Version: 1.0-4.*

Heinitz, K., & Rowold, J. (2007). Gütekriterien einer deutschen Adaptation des Informational Leaderhip Inventory (TLI) von Podsakoff. *Zeitschrift für Arbeits- und Organisationspsychologie A&O, 51*(1), S. 1–14. https://doi.org/10.1026/0932-4089.51.1.1

König, R. (1972). Beobachtung und Experiment in der Sozialforschung. In R. König, *Praktische Sozialforschung* (S. 26–52). Köln: Kiepenheuer.

Luhmann, M. (2015). *R für Einsteiger. Einführung in die Statistiksoftware für Sozialwissenschaften.* Weinheim: Beltz Verlag.

Podsakoff, P., MacKenzie, S., & Bommer, W. (1996). Transformational leader behaviors and substitutes for leadership as determinants of employee safisfaction, commitment, trust, and organizational citizenship behaviors. *Journal of Management, 22*(2), S. 259-298. doi: https://doi.org/https://doi.org/10.1016/S0149-2063(96)90049-5

Revelle, W. (2017). *psych: Procedures for Psychological, Psychometric, and Personality Research. R Package Version 1.0-95.*

© Der/die Herausgeber bzw. der/die Autor(en), exklusiv lizenziert durch Springer Fachmedien Wiesbaden GmbH, ein Teil von Springer Nature 2021
K.-H. Fittkau, *Statistik mit „R" für Nicht-Mathematiker,* essentials, https://doi.org/10.1007/978-3-658-33647-9

Rohrmann, B. (1978). Empirische Studien zur Entwicklung von Antwortskalen für die sozialwissenschaftliche Forschung. *Zeitschrift für Sozialpsychologie, 9*, S. 222–245.

Sauer, S. (2019). *Moderne Datenanalyse mit R. Daten einlesen, aufbereiten, visualisieren, modellieren und kommunizieren.* Wiesbaden: Springer Nature.

Schmitt, N. (1996). Uses and Abuses of Coefficient Alpha. *Psychological Assessment, 8*(4), S. 350–353.

Printed in the United States
by Baker & Taylor Publisher Services